KB269172

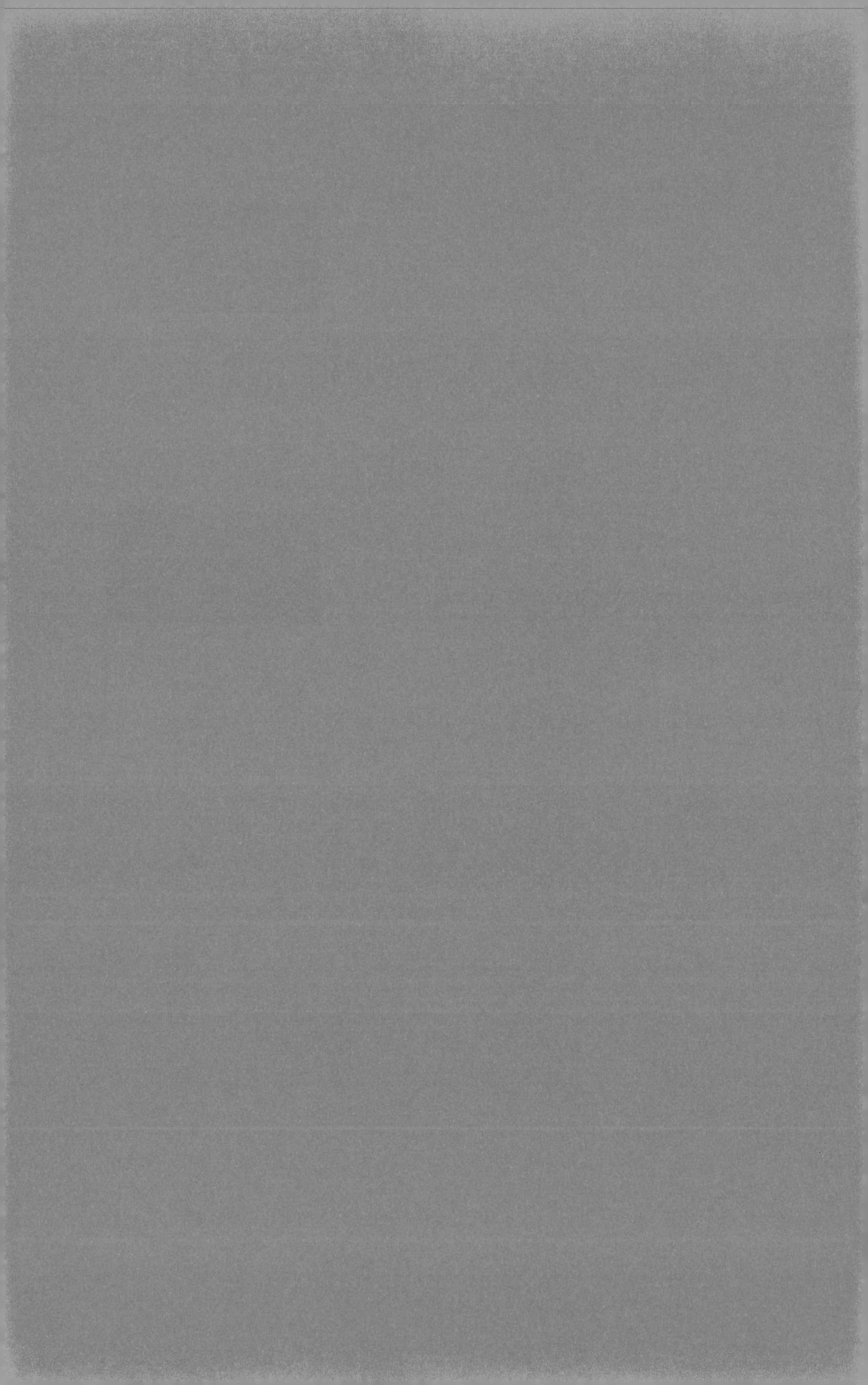

인생을 사는 방법에는 단 두 가지가 있다.
하나는 그 어느 것도 기적이 아닌 것처럼 사는 것이고,
다른 하나는 모든 것을 기적처럼 여기며 사는 것이다.

— 알버트 아인슈타인

늘 에너지가 충만하시기를 바랍니다.

_______________________ 님께

_______________________ 드림

1일 10분 에너지 스쿨

10 MINUTE ENERGY SOLUTION FOR 30 DAYS

프런티어

1일 10분 에너지 스쿨

지은이 | 존 고든
옮긴이 | 전제아
펴낸이 | 김경태
편집인 | 박윤조
펴낸곳 | 프런티어

제1판 1쇄 인쇄 | 2008년 10월 1일
제1판 1쇄 발행 | 2008년 10월 9일

등록 | 1967년 5월 15일(제2-315호)
주소 | 서울특별시 중구 중림동 441
전화 | (02)3604-580(기획출판팀)
       (02)3604-561~2(영업마케팅팀)
팩스 | (02)3604-599
전자우편 | hkfrontier@naver.com

ISBN 978-89-475-2646-3 03320

10MINUTE
ENERGY
SOLUTION
FOR 30DAYS

존 고든 지음 | 전제아 옮김

프런티어

에너지로 가득 찬 삶을 위해

제이콥 테이텔바움, M.D.

만성피로증후군 및 섬유조직염 치료 전문 아나폴리스센터 메디컬 디렉터

미국인들의 에너지 위기는 거의 전염병 수준에 도달해 있다. 미국인 6백만 명 이상이 만성피로증후군과 섬유조직염으로 고통받고 있으며, 2천만 명이 넘는 사람들이 만성피로로 인한 무력감에 빠져 있다. 하지만 이 통계는 빙산의 일각에 지나지 않는다. 간단히 말해, 미국인 대부분이 즐거운 생활을 영위하는 데 필요한 에너지가 턱없이 부족한 상태다.

불행하게도 이런 문제는 그저 살아가는 데 불만스러운 정도에서 멈추기 때문에—쉽게 말해서 생사가 달린 문제는 아니기 때문에—사람들의 관심을 끌지 못하고 있다. 그러나 내가 조사한 바로는, 신진대사 에너지 치료를 통해 피로와 통증을 대부분 없앨 수 있고, 나아가 획기적으로 개선할 수 있다. 나는 이 치료를 SHIN 프로토콜이

라 부른다. SHIN은 다음 단어의 첫 글자를 따서 만든 말이다.

수면 Sleeping

호르몬의 유출 Hormon

감염 Infection

영양 결핍 Nutrition deficiencies

일상에서 늘 무력감을 느낄 만큼 피로한 사람은 '신진대사 건강'을 위한 이 네 부분을 치료함으로써 신체 건강의 기초를 다질 수 있다. 즉, SHIN 프로토콜은 세포 내에서 에너지를 생성하게 해주는 신체 건강의 기초다.

이 책의 저자 존 고든은 이 네 가지 필수 영역의 중요성을 일깨워주며, 에너지를 돋워주는 실제적인 방법을 제안한다. 존 고든은 여기에서 건강한 에너지를 지속적으로 만드는 방법을 가르쳐준다. 흔하디흔한 카페인이나 설탕처럼 '에너지를 잠깐 빌려주는 대가로 엄청난 이자를 요구하는 것'이 아니다. 이 책은 신진대사에 대하여 실제적인 지침을 안내하는 가이드북이다. 존 고든은 '에너지를 얻는 방법'을 가르쳐주었는데도 사람들이 예전 생활로 돌아가는 헛수고를 해서는 안 된다는 것을 잘 알고 있다. 또한 지겨운 생활을 지속하는 것이야말로 에너지를 고갈시키는 지름길이라는 점을 잘 알고 있다. 충분한 에너지를 가지는 것만이 즐겁고 행복하게 살 수 있는 최선의 방법이라는 점은 누구나 잘 알고 있다. 그렇기 때문에 존 고든은 신체, 정신, 심리(영성)에 대한 진리를 한꺼번에 묶어서 치료하는 방법을 일깨워준다. 더구나 이해하기 쉽게 간단명료하면서도 실천에 옮기기 쉬운 방법으로 제시한다.

세계적인 인류학자 조셉 캠벨Joseph Campbell은 수천 년 동안 전세계에 걸쳐 존속하고 있는 전통적인 종교를 연구했다. 누군가 캠벨에게 평생의 연구 결과를 한마디로 요약하면 무엇이냐고 물었을 때, 캠벨은 믿기지 않을 만큼 단순하면서도 강력한 진리를 말했다. "행복을 따라 살아라!" 캠벨이 깨달은 바에 따르면, 우리가 어떤 느낌을 갖는 데에는 분명한 이유가 있다. 우리는 겉으로 드러난 느낌만 보고서도 그가 정말로 어떤 사람인지 알 수 있다. 누구라도 기분이 좋아지는 일을 하고 또 그 일에 정신을 집중하면, 존 고든이 '에너지 뱀파이어'라고 일컫는 존재, 즉 에너지를 빨아먹는 존재가 더 이상 달라붙지 못하게 할 수 있다. 그 과정에서 진실과 즐거움 그리고 넘치는 에너지가 따라온다.

마술 같은 한마디 "행복을 따라 살아라!"는 에너지를 확보하기 위해 우리가 심리적, 정신적으로 어떻게 해야 하는지를 단적으로 보여준다. 그러나 그 목적지까지 가려면 제대로 된 로드맵이 필요하다. 이 로드맵은 지금 우리가 서 있는 곳에서 길을 헤매지 않고 목적지로 가는 길을 알려준다. 이 책 『1일 10분 에너지 스쿨』은 바로 이러한 로드맵이다!

이제는 우리도 스스로를 사랑할 수 있을 만한 멋진 인생을 살아야 할 때가 되었다. 옛말에도 "쇠뿔도 단김에 빼라."라는 말이 있지 않은가. 존 고든이 이끄는 대로 그냥 따라가보라. 당신은 지금 바로 사랑할 만한 인생을 얻을 것이다. 그리고 존 고든의 놀라운 업적에 감탄하지 않을 수 없을 것이다!

에너지로 가득 찬 힘차고 즐거운 삶을 바라며.

"10분만 시간 내줄 수 있나요?"

살면서 이 질문을 얼마나 자주 받는가? 친구, 직장 상사, 동료 그리고 그외의 많은 사람들은 늘 우리에게 10분을 요구한다. 만일 보통 사람이라면 이렇게 대답할 것이다. "물론이지요, 무슨 일이세요?" 나를 필요로 하는 사람이 있으면, 언제든지 그를 위해 시간을 낸다. 누군가 떠보려고 말을 걸 때조차도 시간을 내주며, 누군가의 농담을 들으며 시간을 보낸다. 누군가 도움을 청할 때, 그를 위해 기꺼이 시간을 쓴다. 그런 10분은 여기저기 널려 있다. 당신은 늘 자신이 가지고 있는 많은 시간 가운데 10분을 선뜻 내준다. 심지어 무례하게 구는 사람에게조차 기꺼이 10분을 바친다.

누구보다 바쁘게 정신없이 살면서도 당신은 길거리에서 공짜 화장지를 나누어주듯 소중한 10분을 거저 내주고 있다. 이제 무엇이 당신의 시간을 게걸스레 먹어치우는지 한번 생각해 보라. 스팸메일 지우는 데 10분. 열쇠 찾느라 쩔쩔매는 데 10분, 다시 스팸메일 처리하는 데 10분, 줄서서 기다리는 데 10분, 무언가를 기다리며 10분……. 인생에서 10분을 낭비하는 일은 수두룩하다.

자신에게 10분을 줘라

자, 이제 한 가지 물어보자. 당신은 자신을 위해서 10분을 할애하는가? 기력을 소진시키는 사람과 함께하느라 10분을 허비하는 대신 자신을 재충전하는 데 10분을 쓰는지 묻고 싶다. 소중한 10분을 에너지를 낭비하는 데 허비할 것이 아니라 활력을 돋우는 데 활용해야 한다. 에너지를 증진시키는 하루 10분을 찾아야 한다.

스트레스를 줄이고 행복을 찾기 위한 시간은 하루 10분이면 충분하다. '겨우 10분으로 뭘 얼마나 할 수 있겠어?'라고 생각할지도 모른다. 그러나 이 책에서 나는 자기 자신과 함께하는 10분의 위력을 보여줄 것이다. 곧 깨닫게 되겠지만 10분 자체가 아니라 그 10분 동안 우리가 무엇을 하는가가 중요하다. 그 '무엇'이야말로 모든 것을 결정한다.

10분은 위대하다

어느 날, 아내로부터 전화를 받았다. 아내는 언짢은 목소리로 말했다. "여보, 집에 오면, 잔디밭의 잡초 좀 뽑아야겠어요. 정원이 잡초투성이야. 너무 오랫동안 잔디를 내버려두었단 말이에요."라고 말했다. 그러고는 덧붙였다. "미스터 에너지, 집에 돌아오면, 마당에 나가서 바쁘게 일 좀 하셔야겠어." 갑자기 나는 아빠에게서 잔디 뽑기 명령을 받은 아이가 된 듯한 기분이 들었다.

나는 정원 일이 너무 힘들게 느껴져 생각만 해도 숨이 막힌다. 집에 들어서서 정원을 바라보면 더도 덜도 아니고 '압도당하는' 기분이 든다. 하지만 못하겠다고 버틸 수는 없었다. 내가 자꾸 미루는 바람에 잡초가 점점 기승을 부리고 있었다. 더 이상 달아날 핑곗거리도 없었다.

집에 돌아와 정원을 보니, 어디서부터 시작해야 할지 막막했다. 마치 몸무게가 정상보다 50킬로그램은 더 나가는데 어떻게 살을 빼야 할지 모르는 사람처럼. "너무 많아, 그리고 너무 힘든 일이야." 나는 도저히 오를 수 없는 산을 바라보는 기분으로 의기소침하게 물었다. "도대체 어디가 산 정상이야?"

그러나 다음 순간 이런 생각이 떠올랐다. 나는 조그만 실천이 인생에 큰 변화를 가져오도록 도와주는 사람이 아닌가. 이 일이라고 왜 그렇게 할 수 없겠는가? 마당의 잡초를 한 번에 모두 뽑을 필요는 없다. 만일 하루 10분씩만 잡초를 뽑는다면, 그리 어렵지 않을 것이다. 나는 이 기발한 아이디어를 아내에게 말해 주려고 집 안으로 들어갔다. 아내는 처음에는 내 생각에 별로 흥미를 보이지 않았다. 아내는 나에게 "게으름뱅이!"라고 했다. 그럴 만도 하다!

나는 게으름뱅이 소리는 들었지만 계획대로 하루에 10분씩만 투자―그것은 정녕 투자였다―하기로 했다. 나는 그날, 딱 10분 동안

만 잡초를 뽑았다. 그리고 그 다음 날도 10분. 정원의 잡초를 다 뽑을 때까지 날마다 10분씩 투자했다. 그런데도 7일밖에 걸리지 않았고 전혀 힘들지도 않았다. 나는 하루에 딱 10분 동안 잡초를 뽑는 것만으로도 얼마나 많은 것을 이룰 수 있는지 터득할 수 있었다. 나 자신이 대견하게 느껴졌다. 더 이상 정원 일 때문에 괴로워하지도 않았다. 심지어 그 시간을 즐기기까지 했다. 나는 마음을 다스리고, 긴장과 스트레스를 푸는 데 그 시간을 사용했던 것이다. 내 생활을 내 마음대로 조절할 수 있다는 사실에 큰 활력을 얻을 수 있었다. 단순하고 쉽게, 하지만 꾸준하게 일했기 때문이다.

평생 소원이라고 부를 만큼 어마어마한 일도 실천 가능한 부분으로 잘게 쪼개면 차츰 이룰 수 있다. 하루 10분씩 풀을 뽑고, 화초를 심고 가꾸면 정원이 어떻게 달라질지 생각해 보라. 앞으로 자신의 건강과 행복을 위해 하루 10분을 투자한다면 삶이 어떻게 바뀔지 상상해 보라. 엄청나게 많은 것이 바뀌지 않겠는가. 이것이 바로 '10분의 힘'이다. 더도 말고 덜도 말고 딱 10분만 있으면 된다. 하루하루 쌓인 10분이 놀랍고 신기한 행복을 가져다 줄 것이다.

하루 10분이면 삶이 바뀐다

당신 집에는 잡초투성이 정원은 없을지도 모른다. 그러나 누구에게나 시간과 방법만 있으면 꼭 고쳐야 할 일이 있을 것이다. 내가 세상 모든 사람들에게서 수없이 되풀이해서 듣는 말은 "꼭 그것을 이루고 싶은데—또는 그것을 개선하고 싶은데—그럴 만한 에너지가 없다."는 것이다. 사람들은 자신에게 맞는 직업을 찾다 기운이 다 빠져버리곤 한다. 다른 사람의 부탁을 거절하지 못하고 마음에도 없는 일을 하면서 에너지를 낭비한다. 그러다 보니 정작 인생에서 가장 사랑하는 것을 즐길 수 있는 에너지가 없는 것이다. 나 같은 사람이 필요한 이유는 인생을 그렇게 흘려보내서는 안 된다는 것을 일깨워주기 위해서인지도 모른다.

현대를 사는 우리 모두에게 인생이란 마라톤보다 더 어려운 도전 과제이면서, 100미터 달리기보다 더 힘드는 일이다. 인생은 한 고비를 넘길 때마다 정신적, 육체적, 감정적으로 통행세를 바쳐야 하는 경기와도 같다. 우리는 '해야 할 일' 목록을 들고 쉬지 않고 달려야 할 뿐만 아니라 수많은 장애물에 맞닥뜨린다.

사람들은 늘 무엇인가에 쫓기고 기운을 다 써버려서 지쳐 있다. 그러므로 에너지를 보충하고 정신적, 감정적으로 힘을 기르는 일은 그 무엇보다도 중요하다. 에너지의 기초를 탄탄하게 닦음으로써 정신적, 감정적 터전을 만들 수 있고, 이를 디딤돌 삼아 일상에서 겪는 두려움과 스트레스, 부정적인 장애물을 극복할 수 있다.

스트레스를 줄이고 행복감과 충족감을 늘리는 것도 연습으로 가능하다. 내가 제시하는 에너지 플랜을 실천함으로써 삶을 변화시킬 수 있다. 계획보다 더 중요한 것은 실천이다. 스스로 실천하지 않으면 시간만 낭비하고 만다. 실천을 통해서만 에너지 플랜의 효과를 경험할 수 있다. 에너지 플랜을 실천한 사람들 수천 명이 이미 경험했던 것을 당신도 경험할 수 있다. 생활을 개선하고 더 많은 에너지를 얻는 일은 결코 어렵지 않다. 이 책에서 간단하면서도 강력한 방법을 찾아 실천하기 바란다.

하루 10분이 당신의 삶을 바꿔놓을 것이다.

왜 우리는 이토록 피곤할까?

— 에너지 중독자가 되어야 하는 이유와 새로운 제안

"아! 피곤해서 아무것도 못하겠어."

우리는 늘 이런 탄식을 하고 듣는다. 사람들은 지나치게 스트레스를 받고, 지나치게 지쳐 있고, 수면 부족에 시달리면서도 끊임없이 일을 한다. 강연을 하면서 "지금 피곤하십니까?"라고 물으면, 수강생들 가운데 적어도 4분의 3 이상은 손을 든다.

수많은 사람들이 에너지를 찾고 있다. 그래서 스타벅스가 길모퉁이마다 생기고, 에너지 드링크 업체가 한 해에 수십억 달러를 벌어들이는 사업으로 번성하고 있으며, 슈퍼마켓마다 건강식품이 식료품 진열대 한 자리를 차지하는 것이다. 그러나 이런 응급 처방이 효과가 없다는 것을 누구나 안다. 에너지 드링크의 판매량은 점점 올라가지만 사람들은 예전보다 에너지가 넘치지도 않으며 스트레스가 줄어들지도 않았다.

일, 가족, 친구들은 날마다 우리에게 에너지를 나눠달라고 요구한다. 우리가 마치 에너지 자판기 같다. 우선, 자녀들이 상당한 에너지를 가져간다. 또한 직장 상사나 고용주도 엄청난 에너지를 요구한다. 그리고 당신에게 '중요한 사람들'이 주머니 가득 동전을 넣고 순서를 기다린다. 이럴 때 자신에게 물어보라. "내게 아직 에너지가 남아 있는가? 아니면 다 팔려 나갔는가?"

'에너지 중독자'는 에너지를 다 팔아버리면 정작 가장 중요한 사람들과 자기 자신에게는 줄 것이 없다는 것을 안다. 에너지 중독자는 개인생활에서든 자기 전문분야에서든, 성공하기 위해서는 에너지가 반드시 필요하다는 것을 안다. 그래서 많은 에너지를 확보하는 데 정신을 집중한다. 그들은 자신의 에너지 자판기를 채워넣으면 자기 자신을 포함해 다른 사람들에게도 즐겁게 나누어줄 수 있음을 안다. 또한 많은 사람들이 에너지를 단지 신체의 문제라고 생각하는 반면에 에너지 중독자는 정신적, 신체적, 감정적, 영적으로 에너지가 중요하다고 생각한다.

내게 전화나 이메일로 에너지에 대한 조언을 구한 사람들은 내 말을 들은 뒤 "당신이 운동을 시작하고, 아침을 먹으라고 말하리라는 것은 나도 짐작했어요. 하지만 정신적, 감정적, 영적 에너지에 대해 말할 줄은 미처 몰랐어요. 이런 이야기를 나누게 되어 정말 기뻐요."라고 말한다. 나는 이야기를 나누거나 상담, 신문 기고, 강연 때마다 에너지는 운동과 식사 이상이라는 점을 강조한다.

에너지는 모든 것에 관련이 있다. 당신은 신체는 건강하지만 대인관계가 좋지 않거나, 직장에서 어려운 상황에 처해 있거나, 마음이 지쳐 있을 수 있다. 이는 삶의 균형이 깨진 것이다. 이때 필요한 것은 에너지를 모든 방향으로 전파하는 실천력이다. 에너지는 모든 방향으로 흐른다. 건강을 찾기 위한 운동이 정신, 감정, 영성에 영향을 끼친다. 그 반대로 지적, 감정적 상태가 신체에 영향을 주기도 한다. 우리는 인간적 존재이기보다는 에너지적 존재다. 아인슈타인의 유명한 공식 $E=MC^2$이 말해 주듯 물질은 에너지로 구성되어 있으며, 인간은 물질이기 때문에 에너지적 존재다. 그래서 삶을 개선하고 싶다면 우리의 모든 에너지를 변화시켜야 한다. 우리 자신 안에 연료를 채우고 우리를 둘러싼 세계에서 에너지를 얻어야 한다. 건강을 유지해 주는 음식, 활력을 주는 생각, 마음을 움직이는 감정을 얻기 위해 긍정적 에너지로 자신을 채워야 한다.

과학자들은 사람 몸을 구성하는 모든 세포의 힘을 이용하여 얻는 에너지로 세상의 모든 도시들을 환히 밝힐 수 있다고 말한다. 인간의 세포 하나마다, 흘리는 땀 한 방울마다, 그리고 근육 하나하나마다 우리가 원하는 바를 창조할 수 있는 에너지와 힘이 있다. 에너지 중독자란 바로 우리 인간에게 이런 힘이 있고, 뚜껑만 열어주면 에너지가 뿜어 나올 수 있다는 것을 아는 사람이다.

에너지 중독자가 되는 법

나는 에너지가 넘치는 생활로 내 삶을 재정비하면서 망가졌던 인생을 구제한 경험이 있다. 그렇기 때문에 인생에서 에너지의 중요성을 뼈저리게 느끼고 있다. 몇 년 전, 아내와 나는 말다툼을 크게 했다. 전에도 가끔씩 다투긴 했지만 그때는 예전과 달리 아내가 나에게

최후통첩까지 하는 지경에 이르렀다. 아내는 몹시 화가 난 목소리로 말했다. "당신은 도대체 어떤 사람이야? 당신이 어떤 사람이었는지조차 이제는 모르겠어. 당신은 끔찍한 사람이야. 매사에 부정적이고……. 당신 때문에 내 인생이 엉망이 되었어." 아내의 심각한 눈길에 나는 등골이 서늘해졌다. 아내는 이렇게 덧붙였다. "계속 이렇게 살 수는 없어. 당신을 사랑하기는 하지만, 이렇게 나를 비참하게 만드는 사람과 사느라 내 인생을 허비할 수는 없어. 당신이 변하지 않으면 당신과 헤어질 거야."

이 일은 나에게 경종을 울렸다. 아내가 나를 무척 심각하게 생각한다는 것을 깨달았고 내가 변해야 한다는 것도 알게 되었다. 나의 부정적인 에너지, 쉴 새 없이 일하는 버릇, 그리고 계속되는 스트레스가 가정을 파괴하는 중이었다. 내가 어쩌다가 이 지경이 되었을까? 두 아이, 아내, 과도한 업무, 주택부금, 자동차 할부금, 책임감, 압박감…… 이런 것들이 나를 이렇게 만들었을까? 이런 것들이 나를 처참하게 만들고, 부정적인 생각을 하게 만들고, 스트레스에 지쳐버린 인간으로 만들었을까? 표면적으로는 이 모든 것들이 원인일 수도 있지만 진정한 문제는 바로 내 안에 있었다.

땅콩을 짜면 땅콩기름을 얻는다. 땅콩에서 올리브 기름을 얻을 수는 없다. 마찬가지로, 외부로부터 압력을 받을 때, 내가 표현하는 것은 내 내면의 반영이다. 따라서 그때 나의 내면은 좋은 상태가 아니었다는 이야기다.

나는 거울을 들여다보았다. 하지만 내 자신을 보기가 어려웠다.

나는 누구였을까? 운 좋게 기회를 잘 잡았고, 두려움 없이 최고의 인생을 구가하던 그 행복한 남자는 어디로 가버렸을까? 스물넷이라는 젊은 나이에 멋진 식당을 차려 애틀랜타의 관광명소로 만들었던 그 패기만만한 젊은이는 어디 있을까? 거울을 들여다보면서 나는 다행히도 그 사람의 존재가 아직도 나의 내면 어딘가에 있음을 느꼈다. 내가 할 일은 그 사람을 되찾는 것이었다. 그래서 나는 스스로에게 물었다. "나를 고갈시키는 라이프스타일 대신 나에게 활력을 주는 삶을 살면 달라지지 않을까? 정신을 멍청하게 만드는 음식을 멀리하고 에너지 식품을 열심히 먹으면 어떨까? 두려움, 스트레스, 부정적인 생각을 쫓아내고 행복, 즐거움, 긍정적 에너지 그리고 믿음에 몰두하면 어떨까?"

해답은 명확하게 다가왔다. 나는 다짐했다. 나는 행복해질 것이다. 나는 굳은 의지를 가지고 열정적으로 살 것이다. 나는 스트레스를 덜 받을 것이고 긍정적으로 살 것이다. 나는 창의적인 사람이 될 것이다. 인생을 투쟁하듯 힘겹게 살기보다는 자연스레 물 흐르듯 살 것이다.

아내가 "당신이 변하지 않으면 헤어지겠어."라고 말했을 때, 나는 순간적으로 악몽에서 깨어났다. 그때 나는 내 인생을 진지하게 다시 생각했고, 변화가 필요하다는 것을 깨달았다. 나는 마음을 바꾸기 위해 심리에 관한 책을 읽기 시작했고 영양, 운동, 기분과 행복 사이의 관계를 오랫동안 연구했다. 그다음 나는 내 인생을 변화시키기 시작했다. 날마다 시간을 정해 걸으면서 건강을 다지고 몸에 좋은 음식으로 식단을 바꾸었다. 지배와 속박이 삶에 어떤 의미가 있는지도 곰곰이 생각했다. 내 인생의 몇 가지 사건을 돌이켜보면서 나의 몸과 마음을 자연에 맡기고 거기에 순종해야 한다는 것도 배웠다. 나는 진실이 두려움을 없애준다는 것도 깨달았다. 나는 나에게 해를 끼친 사람을 용서하는 법을 배웠고, 사소한 일에도 감사하는 마음을 갖게 되었다. 나는 내 안에 있는 긍정적인 에너지를 발굴하기 위해 스스로를 훈련했다.

그리고 다른 사람들에게도 이 귀중한 사실을 알려주기 시작했다. 내가 터득한 에너지의 진리를 글로 쓰고, 강연을 하고, 코치를 했다. 강연과 코칭 사업이 번창하자 나는 이 새로운 생활방식을 설명하고자 '에너지 중독자'라는 새로운 말을 만들었다. 나는 긍정적 에너지를 세상과 함께 나누는 과정에서 너무나 많은 사람들이 내가 한때 겪었던 증상으로 고통받고 있다는 사실을 알고 깜짝 놀랐다. 그들은 지나치게 피곤해하고, 과로로 삶이 무기력했고, 의기소침해져 있었다. 우리는 너무너무 열심히 허공을 향해 달리고 있었다.

● ●

새로운 삶을 위한 10분 에너지 플랜

나는 첫 책 『열정*Energy Addict*』에서 인생을 활력 있게 만드는 55가지 실천방법을 소개했다. 그러나 에너지 넘치는 삶을 찾는 것은 많은 사람들이 좀 더 체계적으로 계획을 세워 실천할 때 훨씬 효과가 있다. 사람들은 구체적으로 무엇을 해야 하는지, 언제 해야 하는지 알고 싶어한다. 말하자면, 몇 주 만에 에너지 상태를 바꿀 수 있는 뚜렷한 청사진을 원한다. 그래서 나는 특별한 에너지 플랜을 만들기로 결심했다. 가장 중요한 점은, 바쁘고 스트레스 많은 일상생활에서 이 플랜을 실천하려면 따라하기 쉬워야 한다는 것이었다. 그 결과 '하루 10분'이 탄생했다.

하루 10분 에너지 습관이 가져오는 효과는 정말 놀랍다. 우리에게 활력을 주는 습관과 생활방식에 '중독'되려면 하루 네 시간씩 운동하거나, 피부색이 노래질 만큼 당근주스를 많이 마셔야 한다는 식상하고 비현실적인 얘기는 하지 않겠다. 나는 누구나 간단하게 실천할 수 있는 방법을 권한다. 아침에 일어나 가볍게 산책하라고 권하는 것이다. 산책을 하고 나면 원기를 회복할 수 있고 마음이 상쾌해진다. 그리고 평안해진 마음으로 하루를 즐겁게 시작할 수 있다. 생활은 점점 나아지고 이 긍정적인 습관이 없는 생활을 상상할 수 없는 상태에까지 이르게 된다. 산책은 삶의 일부가 되고 우리는 에너지 중독자가 되며, 삶은 이전과 크게 달라진다. 이런 일이 정말로 가능할까? 나는 자신 있게 말한다.

"가능하다!"

무엇이 에너지를 고갈시키는가?

이제까지 내 이야기를 했으니 이제 당신 이야기를 해보자. 현재의 삶에 대해 이야기하고, 에너지 플랜이 왜 필요한지에 대해 이야기해 보자. 또한 오늘날 너무나 많은 사람들이 그토록 지치고, 삶을 불행하게 사는 이유가 무엇인지 생각해 보자. 그다음에는 스트레스를 줄이는 방법을 찾고 에너지와 풍요로움을 증가시키는 방법에 대해 이야기하자. 그러려면 우선 문제를 밝히고 해결책을 찾아내어 실생활에 적용하는 것부터 시작해야 한다.

에너지를 빼앗는 시애틀 효과

오늘을 사는 우리가 몹시 피곤한 이유는 여러 가지가 있다. 첫째는, 네 가지 요인이 합해져서 한 가지 커다란 문제를 일으킨다. 이 네 가지 요인은 첨단기술 과다, 카페인 과다, 수면 부족, 운동 부족이다. 한 사람에게 이 네 가지가 동시에 일어났을 때 내가 '시애틀 효과'라고 부르는 일이 생긴다. 시애틀은 오늘날 우리 시대의 기념비적 요소들인 스타벅스커피와 마이크로소프트를 탄생시킨 장소다. 이 세상에 완벽한 결합이라는 것이 있다면 바로 스타벅스커피와 마이크로소프트의 결합일 것이다.

흔히 찰떡궁합이라고 하면, 사람들은 땅콩버터와 초콜릿을 떠올린다. 옛날로 거슬러 올라가면 마르크스와 엥겔스가 있다. 요즈음 환상의 커플은 더블라테와 무선 노트북이다. 모든 시대에는 그때마다 경제를 성장시키는 데 필요한 에너지 원천이 있었다. 20세기에 산업 시대를 개척하고 거대 도시를 건설하는 데 필요한 에너지 원천이 철강공장, 기차 등이었다면 오늘날에는 단연코 카페인이 으뜸이다. 카페인은 디지털 경제를 만들어가는 사람들에게 열심히 연료를 공급하고 있다. 그리고 커피와 컴퓨터가 공존하기에 시애틀보다 더 좋은 장소도 없다.

현대의 상징으로 거대 인터넷 쇼핑몰을 빼놓을 수 없다. 그 회사는 인터넷을 대중화시키고 컴퓨터와 함께 시간을 보내기에 적당한 이유를 제공한다. 그 회사는 바로 아마존Amazon.com이다. 아마존이라는 이름은 인터넷 경제라는 말과 거의 동의어로 쓰인다. 아마존은 어디에서 생겼을까? 바로 시애틀이다. 시애틀 출신의 첨단기술과 커피는 우리의 미래 경제를 창조하는 반면에, 지나친 수면 부족과 운동 부족을 결합해서 우리의 에너지를 빼앗아가고 삶의 질을 파괴한다. 나는 아름다운 도시 시애틀을 폄하할 생각은 전혀 없다. 단순히 에너지를 빼앗는 시애틀 효과를 설명하려는 것뿐이다. 마이크로소프트와 아마존 그리고 스타벅스가 미국―나아가 전세계―의 T.I.R.E.D. 증후군을 상징한다는 것뿐이다.

나는 T.I.R.E.D. 증후군에 빠진 것이 분명해

T.I.R.E.D. 증후군이란, 문명의 이기, 즉 컴퓨터, 휴대전화 등 생활을 좀 더 편리하게 만들 것이라고 여겨지는 기기들을 사용하면 할

수록 더욱더 에너지가 고갈되는 상태를 의미한다. 이 증후군의 증상은 스트레스, 피곤, 우울증, 불안, 고립감 그리고 수면 부족이다. T.I.R.E.D. 증후군은 기술 정보에 얽매인 에너지 결핍Technology and Information Related Energy Depletion을 뜻한다. 많은 의학서적을 샅샅이 뒤져보았지만 첨단기술과 이러한 증상의 상관관계를 나타내는 적당한 용어를 찾지 못해 이 용어를 만들었다. T.I.R.E.D. 증후군은 지금껏 없던 낯선 증상일 수 있다. 그러나 미국에서만 수백만 명이 이 증상으로 고통을 느끼고 있으며, 그 범위를 세계로 넓히면 얼마나 많은 사람들이 고통을 겪고 있을지 추산이 어려운 정도다. 그런 증상을 정확히 뭐라고 부르는지 안다면 "난 아무래도 심각한 T.I.R.E.D. 증후군에 걸린 게 분명해."라고 말할 사람은 많을 것이다. 하지만 사람들은 그 증상을 부르는 이름을 미처 모르기 때문에 그저 더블라테를 마시며 하루하루를 버티고 있다.

우리는 인생의 소소한 부분까지 모두 첨단 전자기술로 대체되는 세상에 살고 있다. 운동은 전혀 하지 않고, 하루에 몇 시간씩 인터넷 검색을 하고, 온라인 게임을 즐기고, 휴대전화로 이야기를 나누고, 텔레비전에 빠져 산다. 성인 중 운동을 거의 하지 않는 사람이 60퍼센트에 이르며, 전혀 하지 않는 사람도 25퍼센트나 된다. 『USA투데이』에 따르면, 미국인은 한 해 동안 텔레비전을 보는 데 약 1,669시간(약 70일)을 쓴다. 그리고 가족, 친구와 함께 보내는 것보다 휴대전화나 온라인 채팅에 더 많은 시간을 보낸다. 연구 결과를 보면 평균 미국인은 한 달에 619분을 휴대전화에 사용하고, 온라인에 하루 3시간을 소비한다. 온라인으로 인사를 주고받는 것이 때로는 멋지고 효율적일 수 있다. 그러나 인터넷으로는 상대방을 안아주거나 어깨를 두드려줄 수 없다.

우리의 생활은 온라인의 연속이다. 늘 정보와 첨단기술에 플러그를 꽂고 있다. 그러면서도 거기에서 에너지를 끌어오는 대신 에너지를 낭비하며, 심지어 에너지를 빨아먹도록 내버려둔다. 건강과 에너지를 열심히 소모하고 있는 것이다. 이메일을 주고받고, 때와 장소를 가리지 않고 휴대전화를 쓰는 틈을 타서 첨단기술은 우리를 공격하고 있다. 또 데이트를 하거나 아이들과 노는 사이사이에도 블랙베리 서비스BlackBerry(휴대전화 서비스의 이름—옮긴이)를 통해 메시지가 들어오고, 그 메시지는 에너지를 빼앗아간다. 첨단기술은 인간의 신경 시스템이 감당할 수 있는 한계를 넘어서서 빠르게 움직이고 있다.

T.I.R.E.D. 증후군은 의자에 엉덩이를 너무 오래 붙이고 앉아 있는 것에서 시작된다. 즉, 너무 오랜 시간 앉아만 있고 충분히 움직이지 않는 데서 문제가 시작된다. 사람의 몸은 하루 8시간 내지 10시간을 컴퓨터 앞에 앉아 있도록 만들어지지 않았다. 또 귀는 휴대전화를 내리 사용하도록 만들어지지 않았다. 원래 사람의 몸은 장작을 패고 물을 길어 나르고 농사를 짓고 사냥을 하는 데 적합하게 만들어졌다.

우리의 라이프스타일은 변했어도 몸의 DNA는 변하지 않았다. 몸은 첨단기술의 새로운 요구에 맞추어 진화하지 않았다. 정보는 광속으로 변하지만 몸은 천천히 가기를 원한다. 그런데도 우리는 몸의 소리를 듣지 않고 자신을 위한 시간을 만들지도 않는다. 이메일과 휴대전화, 구글의 정보 검색을 위한 시간만 있을 뿐이다. 첨단기술이 우리를 위해 일해 줄지도 모르지만 그만큼 우리도 첨단기술을 위해 일해야 한다.

나는 강연을 할 때마다 수강생들에게 T.I.R.E.D. 증후군이 있는지 확인할 수 있는 다섯 항목의 체크리스트를 제시한다. 첫째, 하루 동안 이메일을 볼 수 없어 경련이 일어난다면, T.I.R.E.D. 증후군에 걸렸을 수 있다. 둘째, 애완견의 이름을 구글이나 야후라고 지었거나 아이의 애칭을 이베이e-bay라고 지었다면, 이 역시 T.I.R.E.D. 증후군을 의심할 수 있다. 셋째, 운동하는 시간보다 인터넷에 소비하는 시간이 더 많다면 이 역시 마찬가지다. 넷째, 소중한 사람들과 함께하는 시간보다 (특히 저녁 시간에) 휴대전화나 PDA로 통화하는 시간이 더 길면, 의심의 여지가 없다. 다섯째, 단 몇 분이라도 조용히 앉아 있는 것이 지루해서 별로 필요하지도 않은 전화를 걸려고 휴대전화의 폴더를 연다면 T.I.R.E.D. 증후군에 걸린 것이다. 당신은 위의 다섯 가지 중에서 몇 개에 해당되는가?

터무니없는 대가를 지불해야 하는 카페인 공화국

T.I.R.E.D. 증후군이 더욱 악화되면 시애틀 효과가 우리의 삶을 완전히 지배한다. 데이터와 스트레스가 우리를 점령하고 우리는 정보의 홍수에 빠져 천천히 익사하는 것이다. CDCCenters for Disease Control(질병통제센터)에 따르면 모든 사망 원인의 절반 이상이 스트레스에서 기인한다. 미국 직장인 3명 가운데 1명이 만성적으로 과로에

시달리며, 54퍼센트가 업무에 치여 완전히 지쳐버린 경험이 있다. 우리가 병원에 가는 이유의 90퍼센트가 스트레스와 관련이 있다는 것은 그리 놀랄 일도 아니다.

첨단기술이 우리에게 해대는 요구에 부응하고 인생의 의무를 다하려고 노력하는 과정에서, 우리는 시애틀 효과의 포로가 된다. 하루하루 주어진 의무를 다하기 위해 일은 더 많이 하고 잠은 덜 잔다. 그리고 카페인이라는 연료를 하루에도 서너 차례 집어넣는다. 시애틀 효과는 우리 사회를―나아가 전 세계를―카페인 공화국으로 만들었다. 이 공화국에 사는 사람들은 날마다 커피와 에너지 드링크를 마시고 운동은 하지 않는다. 전 세계 사람의 3분의 1이 하루 6시간 이하의 수면을 취하는 반면, 에너지 드링크의 판매액은 해마다 10억 달러 이상 상승하고 있다. 스타벅스는 2004년 한 해에만 50억 달러가 넘는 매출을 기록했다.

불과 2~3년 전만 해도 에너지 드링크는 작고 예쁜 캔에 담아 팔았다. 그런데 제조회사들은 에너지에 대한 갈증을 감지하면서 '몬스터 에너지 드링크', '록스타 에너지 드링크'라고 이름 붙인 거대한 캔을 내놓기 시작했다. 제조회사는 이 음료들이 우리를 단숨에 슬럼프에서 끌어낼 수 있고, 최고의 컨디션으로 만들어줄 수 있다고 선전한다. 과연 정말 그럴까?

너무나 많은 커피, 너무 많은 에너지 드링크의 문제는 그것들이 에너지 마피아 같다는 점이다. 우리에게 에너지가 가장 필요한 순간 그것들은 곧바로 약간의 에너지를 준다. 그러나 다음 날 우리는 터무

니없는 대가를 지불해야 한다. 바로 건강과 에너지를 빼앗아가는 것이다. 스트레스를 받으며 카페인을 과소비하고, 이 과소비가 또 다른 스트레스를 불러와 우리를 완전히 탈진시킨다. 듀크대학의 연구원들이 습관적으로 커피를 마시는 72명을 대상으로 연구한 결과, 커피를 마시지 않은 날과 비교해 커피를 마신 날에 아드레날린이 많이 분비되었고, 혈압이 더 높았다. "스트레스 호르몬의 분비가 증가되면 심장에 손상을 준다."고 듀크대학의 정신의학과 교수는 지적했다.

분주함을 뜻하는 '망(忙)'이라는 한자는 '마음(心)'과 '죽음[죽을 망(亡)]'이라는 두 글자가 결합해서 이루어졌다. 몹시 바쁘다는 것은 마음의 죽음을 의미한다. 분주함은 스트레스와 불안을 불러오고, 만성적 스트레스는 피곤, 두통 그리고 수면 부족을 유발한다. 수면 부족은 졸음, 무력감, 생활의 질 저하로 이어지기 때문에 매우 위험한 결합이다.

우울과 관련 있는 두 가지 주요 요인은 잠을 충분히 자지 않고, 운동을 충분히 하지 않는 것이다. 그다음은 무엇일까? 카페인 중독이다. 카페인은 우리 몸에 필요한 것을 빠르게 보완해 준다. 그러나 스트레스 호르몬을 증가시키고, 수면을 방해한다. 따라서 다시 잠을 덜 자게 되고 더 피곤함을 느끼는 악순환이 반복된다. 카페인을 너무 많이 마시고 잠을 충분히 자지 않는데다가 운동까지 부족한 경우, 완벽한 시애틀 효과가 완성된다.

아이러니는, 운동을 하면 스트레스가 완화되고 에너지가 증가하고 건강이 좋아진다는 사실을 잘 알면서도 대다수 사람들이 너무 피곤해서 운동할 에너지마저 없다고 말한다는 점이다. 한 여성은 에너지 세미나에 나올 에너지조차 고갈되었다고 말한 적이 있다. 흔히 사람들은 너무 바쁘고 시간이 없어 꾸준히 운동할 수가 없다고 말한다. 그래서 삶의 즐거움과 건강을 누리지 못하는 것이다.

우리는 에너지를 병에 담아 구매할 수도 없고, 더블라테와 수면을 맞바꿀 수도 없다. 에스프레소 커피 한 잔이 반나절을 견디는 데에는 도움이 될지 모르지만, 다음 날에 나쁜 영향을 끼치는 것은 확실하다. 우리 몸의 엔진을 혹사시키면서 계속 달리다 엔진 자체를 망가뜨려서는 안 된다. 우리는 지쳐버린 삶에 주입할 진짜 에너지, 지속적인 에너지를 찾아야 한다.

첨단기술을 사용하지 말라는 뜻은 결코 아니다. 다만 즐겁고 현명하게 사용해야 한다. 모닝커피 한 잔으로 하루를 즐겁게 시작할 수 있으면 커피를 마셔야 한다. 단, 거기서 그쳐야 한다. 커피가 무조건 나쁜 것은 아니지만 에너지를 카페인에 의존하는 것은 위험하다.

우리는 카페인과 첨단기술 중독 대신 에너지 중독자가 되어야 한다. 에너지를 낭비하는 대신 에너지에 집중하는 방법을 배워야 한다. 긍정적이고 강력하고 지속적인 에너지 원천을 찾아야 한다. 카페인에 의존하지 말고, 삶을 활력 넘치게 해주는 자연적인 힘의 원천을 개발해야 한다.

최악의 적이자 삶의 동반자인 스트레스

스트레스는 시애틀 효과의 부산물일 뿐만 아니라 그것 하나만으로도 우리를 너무 피곤하게 하고 에너지를 소모하게 만든다. 사람들이 병원을 찾는 이유의 90퍼센트 이상이 스트레스와 관련이 있고, 주요 사망 원인 여섯 가지, 즉 심장병, 암, 폐질환, 자살, 간경변증 그리고 각종 사고들도 스트레스와 관련이 있다. 아이러니하게도 스트레스는 남보다 빠른 성공을 도와주는 동지였다. 우리는 스트레스의 모든 과정에서 '맞서 싸우기' 또는 '도망가기'라는 두 가지 대응전략 가운데 하나를 선택하는데, 이는 인간이라면 누구나 선천적으로 타고나는 특징이다. 무섭거나 스트레스를 받는 상황에 처해 본 사람이라면 '맞서 싸우기 아니면 도망가기'가 어떤 것인지 알 것이다. 그 순간 혈압은 상승하고 평상시보다 많은 스트레스 호르몬이 나오며, 동시에 우리가 경계를 늦추지 않고 재빠르게 움직일 수 있도록 다량의 혈당과 산소가 온몸에 퍼진다.

야만적이고 원시적인 세상에서 사람이 생존하기 위해 야생동물에 '맞서 싸우기' 또는 '도망가기' 전략은 필수적이었다. 그러나 이제 우리에게 그만큼 절박한 상황은 흔치 않다. 하지만 또 다른 절박한 상황, 즉 새로운 프로젝트, 마감시한, 동업자와 갈등, 이익 추구 등에 직면해 있다. 스트레스와 두려움으로 가득 찬 상황은 직업과 생활에 대한 압력에서 오는 것이다.

당신의 몸은 원래 임무인 사냥과 장작 패기 대신 하루 12시간 동안 의자에 앉아 일을 한다. 힘으로 야생동물에 대항하여 싸우는 대신 비즈니스 경쟁에서 싸우고 있다. 먹을 거리를 찾아 돌아다니는 대신 행복을 찾아 헤맨다. 석기시대에 인류의 생존을 도왔던 '맞서 싸우기'또는 '도망가기' 시스템이 정보시대에는 당신을 서서히 죽이고 있다.

오늘날에는 많은 사람들이 스트레스의 양은 늘어난 채 '맞서 싸우기' 또는 '도망가기' 상황은 그대로 지속되는 환경에서 일하고 있다. 그리고 예전에는 스트레스를 받는 사건을 겪은 다음에는 재충전할 시간을 가질 수 있었으나, 이제는 만성적 스트레스 상태에서 빨간 경고등을 켠 채 생활한다. 이는 정신과 신체의 건강을 엉망으로 만든다. 만성적 스트레스는 면역 시스템을 약화시키고, 혈압을 높이고 노화를 촉진하고 수면 습관에 영향을 주며, 피로, 신경쇠약, 불안, 우울증이라는 나쁜 사이클을 만든다.

단기간의 스트레스는 우리의 친구이며, 좀 더 빨리 달리고 조금 더 열심히 일하고 조금 더 성취하도록 돕는다. 그러나 만성적인 스트레스는 최악의 적이다.

왜 나쁜 소식만 있을까

우리는 부정적인 소식이 넘쳐 흐르는 세상에 살고 있다. 신문, 텔레비전, 라디오는 하루 24시간 내내 부정적인 뉴스, 부정적인 이미지, 부정적인 에너지로 우리를 무차별 공격한다. 우리는 그것을 처리하느라 정신적, 신체적, 감정적, 영적으로 혹사당한다. 부정적인 일에 접하는 데 너무나 자연스레 길들여져서 특별히 부정적인 소식인지 인식조차 못할 수도 있다.

스트레스의 원인 중 하나는 두려움이다. 두려움은 모든 사람의 의식 안에, 그리고 인류 생존의 역사 전체를 통해 깊이 스며 있다. 기아의 두려움 때문에 인류는 먹을 것을 찾아다녔으며 공격당하는 것이 두려워 방어벽을 만들었다. 두려움은 이처럼 어느 의미에서는 큰 도움을 준다. 오늘날에도 마찬가지다. 우리는 자동차에 치일까 봐 조심하고 낯선 곳을 여행할 때 행동을 절제한다. 두려움 때문에 우리는 "살아남으려면 어떻게 해야 하지?"라는 질문을 던진다. 이 질문은 우리를 좀 더 기민하고 방어력을 갖추게 한다.

미디어는 우리가 두려움에 반응한다는 것을 안다. 그래서 미디어가 우리에게 영향력을 행사하는 것이며, 우리는 미디어가 전하는 소식에 귀를 기울인다. 미디어는 우리에게 우울증 억제제를 광고하고 우리는 그 광고에 현혹된다. 왜냐하면 우리가 듣고 보는 것이 대부분 슬프고 부정적인 이야기이기 때문이다. 그로 인해 우리는 많을 것을 걱정해야 하는 사악한 순환구조에 빠진다. 저녁에 무엇을 먹을까와 같은 사소한 걱정에서부터 테러리스트가 우리 집을 폭파하지는 않을까 하는 두려움에 이르기까지 근심은 끝이 없다. 우리는 미디어를 통해 세상의 모든 참사를 듣는 반면 좋은 소식은 듣기 힘들다. 사실 이 지구상에서는 날마다 친절한 행동이 수도 없이 베풀어지고 있는데도 말이다.

30분만 뉴스를 보라. 몸은 이를 어떻게 받아들이는가? 불안한가? 긴장되는가? 화가 나는가? 부정의 바다에 사는 것은 얼음물에 몸을 담그고 있는 것과 같으며, 인생의 자연스런 흐름에 저항하도록 한다. 우리는 너무나 많은 부정과 두려움의 폭격을 당하고 있으며,

그로 인해 기쁨, 행복 그리고 긍정적 에너지를 천천히 빼앗긴다.

활력을 빼앗아가는 에너지 뱀파이어

에너지 뱀파이어는 가족, 직장, 이웃, 사회 곳곳에 숨어서 우리를 기다린다. 그렇다면 에너지 뱀파이어는 과연 무엇일까? 일단 에너지 뱀파이어와 맞닥뜨리면, 당신은 쉽게 에너지 뱀파이어를 알아차릴 수 있다.

조금만 정신을 집중하면, 에너지 뱀파이어가 긍정적인 에너지와 생명력을 빨아먹고 있다는 것을 느낄 수 있다. 그를 만나면 누구든지 마치 공기 빠진 풍선이 된 기분일 것이다. 에너지 뱀파이어는 송곳니를 목에 꽂고 피를 빨아먹지는 않지만 거대한 청소기처럼 다른 사람의 긍정적 에너지를 흡입한다.

에너지 뱀파이어는 자기 자신이 두려움을 느끼고 있기 때문에 다른 사람의 에너지를 빼앗으려고 한다. 에너지 뱀파이어가 되는 이유는, 자기 자신의 부정적이고 처참한 불행을 다른 사람에게 전염시키려고 하기 때문이다. 나는 에너지 뱀파이어를 비난하거나 괴롭히려는 것이 아니다. 다만 사람들에게 그의 존재를 알려줘 에너지를 빼앗기는 일을 막으려는 것뿐이다.

세상에는 부정적인 에너지가 너무 많고, 또 너무 많은 사람들이 에너지 뱀파이어에게 삶의 활력을 빼앗기고 있다는 사실은 그리 놀라운 일이 아니다. 당신 주변 사람이 당신의 에너지에 막대한 영향을 끼친다는 사실을 꼭 기억하라. 무엇보다 에너지 뱀파이어를 다룰 수

있는 능력이 당신에게 행복, 건강, 정서적 안정을 가져다 준다는 사
실을 잊지 마라.

야금야금 건강을 앗아가는 가공식품

우리의 에너지를 소진시키는 또 다른 주요한 원인은 가공식품이
다. 사람의 몸은 근육, 뇌세포, 혈액세포와 다양한 장기로 이루어져
있고 이들을 원활하게 움직이기 위해서는 음식이 필요하다. 사람의
몸은 자연에서 생산된 음식을 어떻게 다루어야 하는지를 본능적으로
잘 알고 있다. 몸은 바나나, 물, 생선, 당근을 어떻게 처리하고 재활
용하는지 알고 있다. 그러나 경화유, 다이어트 소다, 색소 첨가 음식,
그밖에 발음조차 어려운 성분을 열 가지 이상 첨가한 가공식품을 어
떻게 처리해야 하는지 모른다. 마치 제대로 된 연료가 아니면 엔진이
제 기능을 할 수 없는 것처럼, 올바른 에너지 음식이 아니면 몸은 제
대로 움직일 수 없다.

하지만 불행하게도, 우리는 생활에 너무 바쁜 나머지 아주 저급
한 에너지 원천에 의존한다. 아침식사로 달걀, 과일 대신에 도넛을
먹고, 물 대신 인공 감미료가 들어 있는 탄산음료를 마신다. 농장에
서 재배한 채소 대신에 채소를 가공한 음식을 먹는다. 몸은 죽은 음
식이 아니라 살아 있는 음식을 원한다. 자연에서 생산한 자연음식 말
이다. 신체는 과일젤리를 원하는 것이 아니라 과일을 원한다.

건강 관련 잡지는 한결같이 호두, 채소, 마늘, 토마토와 같은 자
연식품의 유익함을 증명하는 연구논문을 싣는다. 어떤 식품은 항암

성분이 있는가 하면, 어떤 식품은 기분을 좋게 해주는 성분이 들어 있다. 우리는 어려운 연구논문을 읽지 않아도 자연식품이 건강, 행복, 에너지를 향상시킨다는 사실을 잘 알고 있다. 그러나 쿠키가 뼈를 강화하는 데 도움이 된다거나 형광색 오렌지 치즈 슈크림이 심장에 좋다는 말은 듣지 못했을 것이다. 대략 100조 개에 이르는 에너지 세포는 진짜 에너지, 즉 살아 있는 에너지를 필요로 한다. 그러나 우리는 가공식품에 지쳐 있다. 몸을 활기차게 유지하기 위해서는 진정한 영양분과 필수지방, 비타민이 필요한데 이런 요소가 결핍된 가공식품으로 몸의 연료 탱크를 채우다 보면 정신적, 신체적, 영적인 건강이 고스란히 희생된다. 에너지와 행복을 증진시키고 더욱 건강해지기 위해 먹어야 하는 음식에 관해서는 곧 살펴볼 것이다.

정서적 고통을 얼마나 견뎌야 하나

우리는 정서적으로 고통받으며 살고 있다. 정서적 고통은 인생의 일부이며 인간으로서 겪는 온갖 극적인 드라마의 한 부분이다. 깊이 있는 인생을 살기 위해서는 어느 정도의 고통은 견뎌야 한다. 그러나 고통을 견디는 동안에는 멀리 내다보기가 어렵다. 정서적 고통이 지나치면 감정적으로 지쳐버리고 탈진하게 마련이다. 작은 일이라도 계속 좌절하다 보면 부정적인 감정, 두려움, 엄청난 스트레스가 생겨난다. 심한 정서적 고통은 사람의 마음을 짓누르고 한없이 무겁게 만든다. 만일 정서적 고통을 되돌아보지 않고 내버려두면, 이 무게가 점점 심해진다. 게다가 새로운 고통이 생기고 새로운 무게가 더해지면서 우리의 정신, 신체, 감정, 영성 모두가 황폐해진다. 하지만 다행스럽게도 이 고통을 해결할 방법이 있다. 고통에서 벗어나 행복하게 사는 것이 바로 이 에너지 플랜의 목적이다.

에너지 탈수기는 도처에 숨어 있다

대부분의 사람들은 숨겨진 에너지 탈수기에 대해서 알지 못한다. 나는 에너지 코치를 할 때 피로, 불행, 스트레스 등 에너지 탈수 원인에 대한 검사를 실시한다. 눈에 잘 보이지 않는 이 에너지 탈수기로는 다음과 같은 것들이 있다.

만성피로 증후군과 섬유근육통 증후군

헤파티티스 C(간경변을 일으키는 바이러스)

음식 알레르기

빈혈

화학물질 과민증

갑상선 기능 저하증 또는 갑상선 기능 항진증

수면호흡 장애

다발성 경화증

당뇨병

이 에너지 탈수 원인들은 그중 한 가지만 가지고도 책 한 권을 쓸 수 있을 정도로 이야깃거리가 많다. 우리는 먼저 자신의 에너지 결핍 원인이 무엇인지 정확히 알아둘 필요가 있다. 병원에 가서 혈액검사를 받는 것이 가장 확실하다. 만일 이중에서 해당하는 증세가 두 가지 이상이라면, 나의 에너지 플랜과 연계해서 전문적 치료를 받아야 한다. 그러나 그리 근심할 필요는 없다. 당신은 얼마든지 그 에너지 탈수기를 삶에서 영원히 제거할 수 있다.

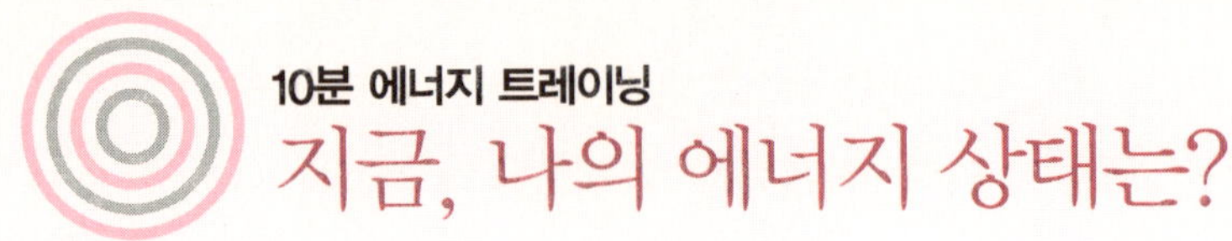

지금, 나의 에너지 상태는?

이제 에너지 상태를 점검해 보자. 이 평가의 목적은 당신의 에너지 습관과 개선사항을 파악하는 데 있다. 이 평가를 통해 최대의 효과를 얻으려면, 먼저 스스로를 평가한 뒤 가족, 친구, 동료들에게 평가해 달라고 요청하라. 그들의 객관적 시각을 참조하면 더 효과가 크다.

- **1단계:** 다음 목록에 나와 있는 자질, 특성, 습관에 대하여 스스로를 평가한 뒤 다른 사람의 평가를 받는다.
- **2단계:** 점수를 기록한다. 에너지 점수표에서 에너지 단계를 확인한다.
- **3단계:** 장점과 약점을 확인한다.
- **4단계:** 이 책에서 제시하는 행동전략을 활용하여 약점을 개선한다.
- **5단계:** 3개월마다 진행 정도와 향상 정도를 점검한다.

※1에 가까울수록 빈도가 낮고, 10에 가까울수록 빈도가 높다

전혀 안 한다　　　　**가끔 한다**　　　　**늘 한다**

신체 에너지　신체적으로 힘차고 활력 있다.

1	2	3	4	5	6	7	8	9	10

수분 섭취　물을 충분히 마신다.

1	2	3	4	5	6	7	8	9	10

전혀 안 한다　　　가끔 한다　　　늘 한다

식습관　가공식품은 삼가고 자연식품을 먹는다.

1　2　3　4　5　6　7　8　9　10

운동　날마다 운동을 한다.

1　2　3　4　5　6　7　8　9　10

침묵 에너지　침묵하는 시간을 통해 스트레스를 줄인다.

1　2　3　4　5　6　7　8　9　10

긍정적 에너지　긍정적인 에너지를 다른 사람들과 나눈다.

1　2　3　4　5　6　7　8　9　10

낙천주의　낙천적으로 생각하고 행동한다.

1　2　3　4　5　6　7　8　9　10

행복　즐거운 마음으로 일하며 자주 웃는다.

1　2　3　4　5　6　7　8　9　10

감사　일상생활에 감사하는 마음을 갖는다.

1　2　3　4　5　6　7　8　9　10

유희　일과 일상생활에서 즐거움을 느낀다.

1　2　3　4　5　6　7　8　9　10

자신감　자기 자신을 믿는다.

1　2　3　4　5　6　7　8　9　10

신뢰　도전과 실수를 통해 배우고 성장한다.

1　2　3　4　5　6　7　8　9　10

정신력 부정적인 생각을 하는 사람들을 극복할 능력이 있다.

1 2 3 4 5 6 7 8 9 10

이해심 다른 사람의 마음을 진심으로 이해할 수 있다.

1 2 3 4 5 6 7 8 9 10

동정심 다른 사람에 대해 진정으로 관심을 갖고 표현한다.

1 2 3 4 5 6 7 8 9 10

참여도 다른 사람의 일에 적극적으로 참여한다.

1 2 3 4 5 6 7 8 9 10

매력 사람들의 관심을 적절하게 이끌어내는 능력이 있다.

1 2 3 4 5 6 7 8 9 10

융합 에너지 다른 사람과 원활하게 교류하는 에너지가 있다.

1 2 3 4 5 6 7 8 9 10

호의 다른 사람을 편안하게 해주고, 환영받는다는 느낌을 줄 수 있다.

1 2 3 4 5 6 7 8 9 10

경청 다른 사람의 말을 진지한 자세로 들으며 본래 뜻을 이해한다.

1 2 3 4 5 6 7 8 9 10

개방성 다른 사람에게 개방적이며, 적극적으로 다가간다.

1 2 3 4 5 6 7 8 9 10

의욕 삶과 일에 의욕이 있다.

1 2 3 4 5 6 7 8 9 10

정열 삶과 일에 정열을 표현한다.

1 2 3 4 5 6 7 8 9 10

목적성 사명과 일을 늘 의식한다.

1 2 3 4 5 6 7 8 9 10

비전 비전이 있고, 비전을 향해 행동한다.

1 2 3 4 5 6 7 8 9 10

용서 분노와 원한을 털어버릴 줄 안다.

1 2 3 4 5 6 7 8 9 10

균형 가족이나 중요한 사람들을 위해 시간을 할애한다.

1 2 3 4 5 6 7 8 9 10

자기관리 자신을 위하여 재충전할 나만의 시간을 갖는다.

1 2 3 4 5 6 7 8 9 10

자기 향상 성장하고 개발하고 개선하기 위한 시간을 갖는다.

1 2 3 4 5 6 7 8 9 10

합계 ______________

에너지 점수표

1　　　　75	150	225　　　300
지쳐 있는 상태	**나름대로 진행 중**	**충분히 활력에 차 있다**
지금 지쳐 있다. 에너지 플랜으로 활기찬 삶을 계획해야 한다.	나름대로 진행을 하고 있으나 더 높은 단계의 에너지가 필요하다.	지금 잘하고 있지만 더 나은 성장을 위해 에너지 플랜을 활용하라.

긍정 에너지의 토대를 확립하라

— 에너지 넘치는 사람들의 일곱 가지 촉진제

언젠가 내 친구가 아이들을 마천루 건설현장에 데려온 적이 있다. 건물을 세우기 전에 땅을 파고, 파고, 또 파야 토대를 만들 수 있다는 것을 직접 보여주기 위해서였다. 실제로 그 공사현장에서는 다른 모든 작업을 시작하기에 앞서서 몇 달 동안 계속 땅만 팠다. 아이들은 그 모습을 보면서 인생의 진리를 깨달았다. 토대가 없으면 집을 지을 수 없는 것처럼 사람도 기본이 되어야 제대로 성장할 수 있다는 것을 배운 것이다.

우리는 어른이지만 이런 교훈을 다시 배워야 한다. 자신의 에너지를 키우고 변화시키려면, 우선 성장을 지탱할 수 있는 튼튼한 토대를 세워야 한다. 기초공사를 철저하게 하고 나면 꿈꾸는 만큼 높은 건물을 세울 수 있다.

여기서 핵심은 그저 토대가 아니라 '강하고 단단한' 토대다. 내가 2004년 플로리다를 강타했던 세 번의 허리케인에서 살아남은 생존자로서 깨달은 것은, 빨리 자란 나무는 강한 바람에 쉽게 꺾이는 반면, 오랜 세월에 걸쳐 자란 나무는 꺾이지 않는다는 사실이었다. 허리케인에서 살아남은 튼튼한 나무를 바라보며 나는, 인생에서도 뜻하지 않은 바람이 불어닥치더라도 우리를 지탱할 수 있는 강한 뿌리가 필요하다는 사실을 깨달았다. 그러므로 꾸준히 노력하여 긍정적인 습관을 들여 세파에 꺾이지 않는 토대를 쌓아라. 이 습관은 하룻밤 사이에 강력한 뿌리를 내리지 않는다. 계속되는 연습과 반복을 통해 에너지와 삶을 튼튼하게 만들어준다.

에너지 토대는 왜 필요한가

에너지 플랜은 에너지 토대를 확립하는 일에서부터 시작한다. 이 플랜의 목표는, 에너지 탈수기로 늘 에너지를 빼앗기는 삶에서 벗어나 명쾌하고 활기차고 낙천적으로 사는 데 도움이 되는 에너지 토대를 알려주는 것이다. 내가 수천 명에게 에너지 코치를 하면서 발견한 사실은 대다수 사람들이 견고한 에너지 토대를 만들기 위한 기초적이면서 간단한 일을 하지 않는다는 점이다. 사람들은 너무 바쁘고 너무 스트레스가 많아서 토대를 튼튼히 하는 일을 잊고 지낸다. 에너지 토대를 튼튼히 쌓아야 우리 삶에 에너지를 다시 가져올 수 있으며, 또 다른 세상으로 나아갈 수 있다.

이제부터 내가 당신과 함께 노력해서 갖게 될 습관은 이미 당신이 어느 정도 하고 있는 것들이다. 즉, 먹고 마시기, 잠자기, 숨쉬기, 움직이기 등이다. 나는 다만 당신이 이런 일을 좀 더 긍정적으로 강력하고 효과적으로 할 수 있도록 이끌 뿐이다. 당신은 무언가를 먹고 있다. 그러나 에너지 토대를 쌓기보다는 토대를 망가뜨리는 음식을 먹고 있을 수도 있다. 당신은 늘 무언가를 마신다. 그러나 에너지를 돋우기는커녕 오히려 에너지 시스템을 고장내는 연료를 마시고 있을 수도 있다. 당신은 잠을 잔다. 그러나 아마도 재충전이 될 만큼 충분하게 자지는 않을 것이다.

처음에는 내가 제시하는 습관들이 마치 시계를 평소와 다른 팔목에 찬 것처럼 거북하게 느껴질 수 있다. 그러나 시간이 지나면서 삶의 일부가 되어 고단한 삶을 극복하는 데 큰 힘이 된다. 또 삶과 일이 혼란스럽게 느껴질 때, 그 폭풍우를 견딜 수 있는 강한 기초가 되어 준다. 장애물에 부딪혔을 때, 꿋꿋하게 성공을 향해 계속 나아가게 하는 길잡이가 된다.

누구든지 인생은 쉽지 않다. 우리는 일과 가정, 경제적 문제로 정신적, 신체적, 정서적 에너지가 파괴되는 삶을 살고 있다. 그것을 잘 알기에 이 에너지 플랜은 에너지를 유지하고, 행복을 증진시키며, 궁극적으로 성공하는 데 도움이 되는 방법을 안내한다. 인생은 수백 가지 일상적인 습관의 결과물이다. 한 연구 결과에 따르면 습관의 95퍼센트는 무의식적으로 행해진다. 그러므로 에너지를 증진시키는 습관을 확립하면 누구라도 활기찬 삶을 살 수 있다. 아리스토텔레스는 "우리는 우리가 되풀이해서 하는 일 자체다. 그러므로 탁월함이란, 행동에 의해서가 아니라 습관에 의해 만들어진다."고 말했다. 그러므로 당신이 집중력, 행복, 에너지, 성공을 원한다면 다음에 소개하는 일곱 가지 에너지 촉진제를 삶의 동반자로 삼아야 한다. 에너지 플랜은 행동으로 옮길 때에만 비로소 위력을 나타낸다.

에너지 플랜에는 오랜 세월 어머니들이 권유했던 것과 비슷한 내용이 많다. 너무 단순하고, 쉽고, 이미 다 알고 있는 것들이라는 말이다. 그러나 겉으로 보기에 너무 단순하다는 이유로 무시해 버리는 어리석음을 범하지 말기 바란다. 사람들은 흔히 간단한 것은 간과하는 경향이 있다. 너무 간단하고 단순하면 별다른 효과가 없을 것이라고 지레 넘겨짚지만 그동안 수많은 사람들을 에너지 코치한 결과에 따르면 작은 변화가 정말로 큰 성과를 가져온다. 앞으로 30일 동안만이 에너지 플랜을 통해 습관을 만들고 에너지 토대를 튼튼히 쌓기 바란다.

이제 음식 한 입, 호흡 한 번, 물 한 모금, 잠 한 번, 이 모든 것에서 한 번에 한 걸음씩 에너지 토대를 튼튼히 쌓아보자.

누구나 따라할 수 있는 일곱 가지 촉진법

에너지를 높이는 첫 번째 방법 : 잠을 더 많이 자라

수면 부족은 기분, 스트레스, 민첩성, 체중, 포도당 대사 능력, 업무 수행 능력, 순발력 등 삶의 모든 부분에 심각한 영향을 끼친다. 굳이 연구 논문이나 책을 읽지 않더라도 잠을 충분히 자지 않았을 때 몸 상태가 어떤지는 수없이 겪어봤을 것이다. 또한 충분한 수면을 취하지 않으면 생활의 다른 부분도 원활하게 돌아가지 않는다. 『행복의 추구*The Pursuit of Happiness*』를 쓴 데이비드 G. 마이어즈David G. Myers에 따르면, 행복한 사람은 활동적이고 왕성한 삶을 살되, 충분한 수면과 홀로 있는 시간을 통해 스스로를 재충전한다.

적정 수면시간에 대해서는 연구 결과가 엇갈린다. 그래서 나는 이에 대한 질문을 받으면 "당신이 상쾌하게 느낄 때까지 자라."고 대답한다. 그러다 보니 적정 수면시간은 사람마다 다르다. 어떤 사람은 하루에 4시간으로 충분한 반면, 어떤 사람은 7시간 내지 8시간을 자야 한다. 자신에게 적정한 수면시간을 알기 위해서는 다음 규칙을 염두에 두고 살펴보라.

잠을 잘 자려면

● 최고의 컨디션이 되려면 최소 몇 시간은 자야 하는지를 파악하라. 아침에 가장 상쾌하게 느끼는 수면시간을 찾아내려면 매일 밤 잠자리에 드는 시간을 조금씩 앞당긴다.

존 고든의 에너지 법칙

- 아침 잠에서 깨어났을 때 피곤한 느낌이라면, 너무 늦게 잠자리에 들었다는 뜻이다.
- 낮에 졸음을 쫓기 위해 카페인에 의존한다면 잠이 충분하지 않다는 뜻이다.
- 낮에 행동이 굼떠진다는 느낌이 들어서 힘이 날 만한 음식을

먹고 운동을 했는데도 여전히 나아지지 않는다면, 잠이 충분
하지 않은 것이다.

- 보고 싶은 TV 프로그램이 심야에 방영된다면 녹화해 두어
라. 그리고 최상의 컨디션을 유지하기 위해 밤에는 일찍 잠
자리에 들어라.

- 수면시간을 일정하게 유지하라. 날마다 같은 시간에 잠자리
에 들어라.

- 지난밤에 적정한 수면을 취하지 못했다면 원기회복과 재충
전을 위해 20~30분 낮잠을 자라. 안락한 장소에서 낮잠을
자면 남은 시간을 활기차게 보낼 수 있다. 그러나 낮잠을 30
분 이상 자면 오히려 더 피곤해진다.

에너지를 높이는 두 번째 방법 : 몸을 움직여라

사람이 활동적일 때는 태산이라도 들어올릴 것같이 기운이 솟는
다. 운동은 정신건강, 신체건강을 증진시키는 가장 좋은 방법 가운데
하나다. 운동은 가벼운 항우울제 처방약에 준할 정도로 기분 전환에
효과가 있다는 연구 결과도 있다. 그러나 대부분의 사람들은 필요한
만큼 운동을 하지 않는다. 어쩌면 당신은 이렇게 대꾸할 것이다. "하
고는 싶지만…… 시간이 없어서요." "운동하기가 너무 힘들어요."

당신을 탓하고 싶지는 않다. 내가 하고 싶은 말은, 아무리 시간을
내기 어렵고 환경이 어려울지라도 하루에 단 10분만이라도 운동을
해야 한다는 것이다. 또 그것이 생각보다 그리 어렵지 않다는 점이

다. 운동하기 위해서 굳이 비싼 장비를 구입하고 헬스클럽에 등록할 필요는 없다. 그냥 운동화를 신고 밖으로 나가라. 계속 움직이고 계속 걸어라. 10분만 움직여도 에너지 토대를 다질 수 있다.

운동은 어떻게 해야 할까

- 자명종이 울리면 버튼을 누른 뒤 다시 잠으로 빠져들지 마라. 그리고 눈을 뜬 뒤 가장 먼저 운동을 하라.

- 개가 없다면 한 마리를 빌려서라도 산책할 때 데리고 가라. 그마저 어렵다면 혼자라도 걸어라.

- 걷기가 싫으면 자전거를 타라. 음악을 들으면서 자건거를 타면 정신적, 신체적인 에너지를 동시에 높여준다.

- 춤을 추어라. 춤은 활력을 얻는 손쉬운 방법이다. 일주일에 하루는 '춤추러 외출하는' 밤으로 정하라.

- 자신만의 방법을 개발하라. 이때 쉬운 단계부터 시작하라. 작은 것을 시작할 때, 그것이 얼마나 쉽고 기분 좋게 만드는가를 깨닫게 된다. 그러면 운동에 중독될 것이다. 운동시간이 점차 늘면서 10분에서 15분으로, 15분에서 30분으로 늘어난다. 당신이 의식하지 못하는 사이 어느새 하루 1시간 정도 운동하고 있을 것이다.

- 도저히 시간을 낼 수 없는 상황이라면 시간을 쪼개 운동하라. 예를 들어 아침에 10분, 점심 후에 10분, 저녁 후에 10분 걷기를 시도하라.

- 여러 가지 운동을 재미있게 하라. 오늘 산책을 했다면 내일은 자전거를 타고 그 다음 날은 줄넘기를 하라.

- 요가를 하라. 요가는 마돈나만 하는 것이 아니다. 수천만 명이 요가로 효과를 보았고 당신도 그럴 수 있다. 다시 강조하지만 시간에 쫓겨 요가교

실에 다닐 수 없다는 이유로 요가가 주는 이익을 놓쳐서는 안 된다. 요가 비디오테이프를 사서 하루에 10분만이라도 하면 금세 변화가 느껴진다.

에너지를 높이는 세 번째 방법 : 에너지 호흡을 하라

스트레스를 받는다 싶으면, 심호흡을 하라. 스트레스를 평온한 에너지로 바꾸는 가장 간단한 방법이다. 우리는 보통 짧고 얕은 숨을 쉬는데, 이는 산소 공급과 에너지 수준에 부정적인 영향을 끼친다. 일이 잘 안 풀리는가? 그렇다면 심호흡을 하라. 어려운 프로젝트 때문에 머리가 아픈가? 심호흡을 하라. 차를 운전하면서 짜증이 나는가? 심호흡을 하라. 언제 어느 곳에서나 할 수 있는 심호흡은 활력소를 만들어준다.

심호흡을 할 때는 다른 것은 잊고 호흡에만 정신을 집중하라. 2분 동안은 들이마시는 데, 다음 2분 동안은 내쉬는 데 집중하라. 이렇게 열 번 정도 심호흡을 하면 마음이 안정된다. 물론 심호흡 자체가 문제를 해결해 주지는 않는다. 그러나 문제를 차분하고 객관적으로 바라볼 수 있게 한다. 심호흡을 하면서 '나는 기분이 편안해.' '내 인생은 멋있어.' '이 일은 잘 풀릴 거야.'라고 생각하라.

심호흡을 효과적으로 하려면

● 컴퓨터로 일할 때, 호흡에 신경 쓰라. 무엇엔가 정신을 집중해서 작업할 때에는 호흡을 하지 않는 경향이 있다. 컴퓨터 모니터 위에 '숨쉬기를 잊지 말자'고 써서 붙여놓아라.

- 운전 중에 빨간 신호에 걸려 기다릴 때마다 눈을 감고 심호흡을 하라. 신호가 언제 바뀔지 걱정하지 마라. 웨인 다이어Wayne Dyer가 말했듯이 "때가 오면 저절로 알게 된다." 짧은 순간의 심호흡이 안전운행의 동반자가 된다.

- 페퍼민트향을 들이마셔라. 웨스트버지니아의 휠링제수이트대학교의 브리언 라우덴부쉬Bryan Raudenbush 박사는 운동선수들이 페퍼민트향을 들이마시면 의욕이 커진다는 사실을 발견했다. 꼭 운동선수만 페퍼민트를 활용할 수 있는 것은 아니다. 그냥 페퍼민트 오일이나 페퍼민트 흡입제를 구입하라. 그리고 집과 일터에서 자신을 깨워라.

에너지를 높이는 네 번째 방법 : 물을 마셔라

에너지 드링크와 카페인 음료가 넘치는 요즘 물이야말로 에너지 드링크의 지존이다. 우리 몸에 물이 부족하면 머리가 아프고 피곤해진다. 그러나 불행하게도 사람들은 수분 부족을 깨닫지 못한 채 살아가고 있다. 사람 몸의 70퍼센트를 구성하는 것은 다이어트 코크나 카페라테가 아니라 물이다. 그래서 물은 에너지 증진과 건강에 필수적인 원천이다. 사람 몸에 수분이 공급되면 소화가 잘되고 신진대사가 원활해지며 혈액의 흐름도 활발해진다. 자동차 엔진이 최고의 성능을 발휘하기 위해서 품질 좋은 오일이 필요하듯 몸을 건강하게 유지하기 위해서는 물이 있어야 한다.

그러면 물은 얼마나 마셔야 할까? 하루에 200밀리리터씩 물을 여덟 번 마셔야 한다는 말은 많이 들어보았을 것이다. 그러나 미안하지만 잘못된 상식이다. 몸무게와 활동량에 따라 필요한 물의 양은 달라진다. 물이 얼마나 필요한가를 알려면 당신 몸무게(kg)를 32로 나누면 된다. 예를 들어, 몸무게가 68킬로그램인 사람이 적당한 수분 상태를 유지하려면 하루에 2.1리터의 물이 필요하다. 일하는 동안 땀을 얼마나 흘리는가에 따라서도 다르므로 운동을 한 뒤에는 물을 더 많이 마셔야 한다. 건강을 위한 물 마시는 방법은 다음과 같다.

어떻게 물을 마셔야 할까

- 아침에 일어나면 먼저 물 한 컵을 마셔라. 잠을 자는 동안 호흡을 하면서 수분이 배출된다. 그러므로 밤 동안에 잃어버린 물을 보충해야 한다.

- 하루 동안 계속 20분마다 한 번씩 물을 조금씩 마셔라. 몸을 민첩하게 해주고 수분을 충분하게 해주며 활기를 유지시켜 준다.

- 더 많은 에너지를 얻고 싶다면 얼음물을 마셔라. 노틸러스 스포츠 · 의학 산업Nautilus Sports/Medical Industries 연구소에 따르면, 얼음물 4리터를 섭씨 36.5의 체온으로 따뜻하게 하기 위해서는 200칼로리 이상의 열에너지가 필요하다.

- 운전할 때 물을 한 병 가지고 다녀라. 회의에도 물을 가지고 들어가라. 운전할 때, 회의시간이 길어질 때 수분을 공급해 주면 정신 집중에 도움이 된다.

- 탄산음료, 주스, 에너지 드링크 대신 물을 마셔라. 머지않아 그 차이를 느낄 수 있다.

- 배고플 때, 우선 물을 마셔라. 우리는 종종 갈증을 배고픈 것으로 착각한다. 몸이 정말 원하는 것은 물인데, 그런 줄도 모르고 음식을 찾을 때가 있다. 물을 먼저 마시면 음식도 덜 먹게 되고 몸무게도 줄일 수 있다.

에너지를 높이는 다섯 번째 방법 :
에너지가 풍부한 음식을 먹어라

에너지가 될 음식을 먹으라는 말은 되도록 자연에서 얻은 유기농 식품을 많이 먹고 가공식품은 삼가라는 뜻이다. 예를 들어 과일, 채소, 견과류, 콩류, 생선, 항생제를 먹이지 않은 닭고기, 소고기, 두부를 먹어야 한다. 자연에서 온 진짜 음식을 먹어야 몸을 최상의 상태로 유지할 수 있다. 인류는 수천 년 동안 자연음식을 먹어왔다. 그래서 사람의 몸은 자연식을 다루는 방법을 안다. 그러나 100여 년 전부터는 자연식 대신 인공적인 화학물질, 농약, 가공식품을 소비하기 시작했다. 이 사실을 직시해야 한다.

사람의 몸은 사과를 처리하는 과정은 잘 안다. 그러나 사과맛이 나는 젤리는 어떻게 처리해야 할지 잘 모른다. 사람 몸에 있는 100조 개의 세포가 생존하고 자라기 위해서는 에너지가 필요하다. 우리는 자연에서 생산된 음식을 먹어야만 세포들에게 살아 있는 에너지를 공급할 수 있다. 그리하여 신진대사는 증가하고, 에너지는 올라가며, 정신적, 신체적인 건강은 개선된다.

> ### 존 고든의 에너지 규칙
> 땅과 바다에서 나는 먹을 거리를 더 많이 섭취하고, 공장에서 가공한 식품은 더 적게 먹어라.

가공식품 대 자연식품

가공하지 않은 천연식품을 많이 먹고 가공식품은 삼갈수록 몸은 스스로가 점점 유기농 식품을 선택한다. 유기농 식품은 환경을 위해서 좋다. 유기농 곡류는 유전자를 조작하지 않고, 방사선에 쏘이지 않고, 하수 침전물을 거름으로 주지 않은 것을 말한다. 또한 농약, 제초제 그리고 다른 화학물질을 쓰지 않고 재배한 것이다. 유기농 오렌지를 먹어보면 얼마나 과즙이 많고 맛이 좋은가를 알 수 있다.

더욱 중요한 것은 유기농 식품이 건강에 더 좋다는 사실이다. 유기농 식품은 자연 항암제인 산화방지제와 칼슘, 마그네슘, 철, 크롬 같은 필수 미네랄을 많이 함유한다. 캘리포니아주립대학교는 유기농법으로 기른 옥수수, 딸기, 블랙베리를 연구한 결과 화학농법으로 키운 식품보다 자연 항암 성분을 더 많이 함유하고 있음을 발견했다.

유기농 육류 역시 유익하다. 항생제와 성장 호르몬으로 키운 육류를 먹으면 먹은 사람도 그것을 흡수한다. 그러므로 고기를 먹을 때, 호르몬과 항생제가 들어 있지 않은 제품을 골라라. 물론 조금 비싸지만 건강을 생각하면 그럴 만한 가치가 있다.

> ### 존 고든의 에너지 규칙
>
> 가능한 한 농약, 독소, 화학약품이 적게 들어간 음식을 먹어라. 강이 흐르는 맑은 물을 갈망하듯이 당신의 몸도 깨끗하고 건강한 음식을 좋아한다.

아침을 꼭 먹어라

자연식을 먹는 것 외에 관심을 기울여야 할 점은 음식을 먹는 시간, 먹는 횟수, 먹는 양이다. 예를 들어, 아침을 먹으면 많은 에너지를 가지고 하루를 시작할 수 있다. 아침을 먹지 않으면 신체는 활동 모드가 아니라 에너지 보존 모드로 간다. 몸은 말한다. "난 언제 다시 먹게 될지 몰라. 그러니까 에너지를 꽉 움켜쥐고 보존해 두어야 해." 그래서 몸은 에너지를 적게 생산하고 사용할 수 있는 에너지는 적어진다. 반면 아침을 먹으면 몸은 곧바로 반응한다. "오케이, 연료를 가졌으니 난 움직일 수 있어." 즉, 몸은 에너지를 더 많이 생산하고 따라서 소비할 수 있는 에너지도 더 많아진다.

많은 연구들이 아침을 먹는 사람이 직장과 학교에서 더 생산적이고 민첩하며 더 많은 에너지를 발산한다고 증명한다. 아침을 먹는 사람은 몸무게를 적절하게 유지하고, 저녁에 고지방, 고칼로리 음식을 먹는 경향이 덜하다. 아침식사로 단백질과 섬유질을 많이 섭취하는 것이 좋다. 두 가지 모두 혈당을 천천히 배출하여 에너지를 지속적으로 제공해 준다. 예컨대 과일, 달걀, 허머스(콩을 삶아 양념한 그리스 음식, 빵을 찍어 먹는다—옮긴이) 등이 바람직한 식단이다. 다음은 내가 가장 좋아하는 활력을 주는 아침 식단이다.

꼭 이 식단대로 먹으라는 것은 아니다. 집에 있는 음식 재료와 기호에 따라 자신에게 맞는 에너지 식단을 만들어 꾸준히 먹는 것이 중요하다.

에너지 식단

- 저지방 플레인 요구르트
- 잘게 썬 호두
- 오트밀 1/2 컵
- 파인애플이나 사과 한 조각
- 블루베리 1/4 컵

1 그릇에 요구르트 몇 스푼을 담는다. 좋아하는 만큼 양을 조절한다.

2 여기에 오트밀을 1/2컵 넣는다. 부드러운 오트밀을 좋아하면 오트밀이 촉촉이 젖을 만큼 요구르트를 넣는다. 이것을 전날 밤에 만들어 뚜껑을 덮어 냉장고에 넣어두거나 아침 운동 전에 만든다.

3 파인애플이나 사과를 자른다. 크게 잘라도 좋고 작게 잘라도 좋다.

4 먹기 직전에 요구르트에 파인애플이나 사과 그리고 블루베리를 넣는다.

5 호두를 넣는다. 호두는 단백질과 오메가3 지방산의 보고다.

6 아침을 먹고 활력을 얻는다.

에너지 칵테일

- 바나나 1개
- 블루베리(신선한 것 또는 얼린 것) 1컵
- 사과 1개
- 땅콩버터, 아몬드 버터 또는 아마인(곡물 씨앗 종류) 가루 중 한 가지로 1테이블스푼, 또는 호두 1/4 컵
- 두유나 우유 1컵
- 얼음 1컵

위의 재료를 다 믹서에 넣고 갈아서 먹는다.

에너지를 충족시키려면 하루 세 번 한꺼번에 많은 양을 먹기보다는 조금씩 자주 먹는 것이 좋다. 정상적인 분량의 식사를 하고 간식을 조금씩 먹으면 에너지 수준이 올라가고 민첩성이 좋아진다는 연구 결과도 나왔다. 건강에 좋은 간식을 먹지 않으면 혈당은 떨어지고 피곤과 긴장을 느끼게 된다. UCLA 의과대학 신경정신과 교수 윌리엄 네이글러William Nagler는, 단순히 배고픔 때문에 생긴 긴장만으로도 에너지가 쇠약해지고 감정상태가 나빠진다고 말한다. 사람은 에너지 용광로와 같아서 연료로 사용할 수 있는 음식을 지속적으로 몸에 제공해야 한다. 그러면 우리의 몸과 마음은 강하고 한결같은 상태를 유지할 수 있다.

그리고 우리는 지금껏 주로 먹던 것들보다는 프랑스식 식사를 더 할 필요가 있으며, 이와 더불어 하루 중 아침식사를 가장 풍성하게,

저녁을 가장 적게 먹어야 한다. 미네소타대학은 가장 중요한 칼로리를 하루 중 가장 일찍 섭취할 수 있도록 아침에 많이 먹고, 저녁에 적게 먹는 사람이 에너지를 더 많이 얻는다는 연구 결과를 발표했다.

에너지가 높은 음식을 먹어라

아침을 꼭 먹되 하루 전체 식사량을 줄이면, 기분이 상쾌해지고 에너지와 두뇌 기능이 향상된다. 또 되도록 고에너지 음식을 먹되 캔디바, 밀가루, 설탕, 쿠키, 가공식품 등은 반드시 멀리하라.

특히 오메가3 지방산은 우리 몸에서 만들어지지 않기 때문에 반드시 외부에서 공급해 주어야 한다. 즉 음식물을 통해서만 오메가3 지방산을 얻을 수 있다. 많은 건강 전문가들은 대부분의 사람들은 오메가3 지방산의 섭취가 부족하기 쉬우며, 이럴 경우 정신건강에도 좋지 않다고 강조한다. 우리는 오메가3 지방산을 더 많이 섭취해야 한다.

뇌의 60퍼센트가 지방조직으로 이루어져 있고, 대부분의 의사소통과 신경의 기능이 일어나는 뇌의 시냅스 세포막이 상당 부분 필수

지방산으로 만들어졌다는 사실을 생각한다면 오메가3 지방산이 뇌 건강에 매우 중요하다는 것은 당연한 이치다. 따라서 오메가3 지방산이 부족하면 뇌세포가 기능을 제대로 발휘할 수 없다. 스톨 박사Dr. Stoll에 따르면, 충분히 섭취한 오메가3 지방산은 '기분 좋고 행복을 느끼게 하는' 특성으로 알려진 세로토닌에 직접 영향을 준다.

다음은 오메가3 지방산을 얻을 수 있는 식품이다.

- **야생 알래스카 연어** DHA와 EPA를 함유한 야생 알래스카 연어는 오메가3 필수지방산의 보물창고다. 단, 양식 연어인지 야생 알래스카 연어인지 확인하라. 양식 연어에는 발암물질인 PCBs가 많이 들어 있다. 오메가3 지방산이 들어 있는 다른 생선으로는 정어리, 청어, 참치 등이 있다.

- **호두** 호두에는 식물에 있는 오메가3 알파 리놀렌산ALA이 들어 있다. 다져서 샐러드, 시리얼, 오트밀에 뿌려 먹거나, 오후에 간식으로 한 주먹 정도 먹어라.

- **아마인** 아마인 역시 알파 리놀렌산을 함유하고 있다. 커피 그라인더로 갈아 잘 밀봉해 냉장고에 보관한다. 이상한 냄새가 나지 않도록 한 번에 갈아놓는 분량은 일주일 정도 먹을 분량이 적당하다. 시리얼, 오트밀에 한 스푼씩 뿌리거나 스무디에 넣어 먹는다.

- **생선 기름** 생선을 충분히 먹지 않는 사람은 생선 기름으로 보충해도 좋다. 생선 기름은 오메가3 EPA와 DNA의 주요 원천이다.

에너지가 높은 채소를 먹어라

요즈음에는 몸에 좋은 채소가 각광을 받는다. 채소는 건강과 에너지를 위해 없어서는 안 될 필수 식품이다. 채소가 우리 몸에 유익한 점을 책으로 엮는다면 한 권으로도 모자란다. 중요한 점은 계속 다양한 채소를 먹어야 한다는 것이다. 브로콜리와 시금치에서부터 토마토와 양파에 이르기까지, 내가 무척 좋아하는 몇 가지 고에너지 채소를 소개한다.

- **아보카도의 놀라운 효능** 아보카도에는 지방이 많이 함유되어 있는데 이는 몸에 좋은 단불포화지방mono unsaturated fat이다. 뇌와 몸에는 좋은 지방이 필요하다. 또한 나쁜 지방을 없애기 위해서도 좋은 지방을 먹어야 한다. 더욱이 아보카도는 엽산, 포타슘, 식이섬유의 보고다. 섬유소는 하루 동안 에너지를 유지하기 위해 반드시 필요하며 항암 작용을 한다. 아보카도를 얇게 썰어 샌드위치나 샐러드에 넣어 먹어라.

- **색이 진한 채소** 색이 진한 채소는 항암 성분, 비타민, 미네랄을 함유하고 있다. 이런 채소는 엽산, 베타카로틴, 비타민 C와 섬유소의 보고다. 케일, 시금치, 아스파라거스가 대표적이다. 건강과 에너지에 좋은 또 다른 채소로는 가장 영양가 있는 채소로 여겨지는 브로콜리가 있고, 칼슘을 많이 함유한 것으로는 빨간 고추, 초록 고추, 양파 등이 있다.

- **마늘은 위대하다** 마늘은 에너지 뱀파이어의 접근을 막는 데만 효험이 있는 게 아니라 감기와 암도 예방한다. 마늘은 항균, 항바이러스, 항진균 등의 작용을 하며 심장병도 막아준다. 한 연구에서는 박테리아가 가득한 세균 배양용 접시에 마늘을 넣어두자 박테리아가 모두 죽는 현상을 발견했다. 이 실험 결과를 보면, 선조들이 항생제가 만들어지기 전에 왜 마늘을 항생제로 사용했는지 이해된다. 마늘의 놀라운 효능을 직접 체험한 나는 마늘 복음을 전파하고 다닌다. 아내도 마늘 마니아가 되었다. 나는 믹서로 마늘을 갈아 사과 소스와 섞어 먹거나 토마토, 채소 주스에 넣어 마신다. 그리고 잠을 푹 잔다. 다음 날 가벼운 아침식사를 한 뒤 사람들을

만날 무렵이면 마늘 냄새는 사라진다.

고에너지 과일을 먹어라

채소와 마찬가지로 과일도 여러 가지를 골고루, 아침식사를 할 때 함께 먹거나, 오전 오후 간식으로 먹는다. 에너지를 높여주는 과일은 주변에서 쉽게 구할 수 있다.

- **블루베리로 행복한 하루를 보내자** 블루베리는 다른 대부분의 과일이나 채소보다 10배가 넘는 항산화제를 함유하고 있다. 즉, 블루베리가 혈당을 크게 높이지 않으면서도 에너지 수준을 유지하는 '좋은 탄수화물'이라는 뜻이다.
- **바나나**는 몸의 세로토닌 생성을 촉진하는 비타민 B6로 가득 찼다.
- **오렌지**는 엽산, 섬유소, 항산화제, 베타카로틴과 비타민C가 풍부하다.
- **건포도**는 혈당을 에너지로 전환하는 데 필요한 미네랄인 칼륨을 공급해 준다. 오후 간식으로 견과류와 함께 먹으면 좋다.
- **아싸이 베리**는 브라질이 원산지로 거의 완벽한 과일이다. 올리브 오일과 유사한 단불포화지방, 달걀 흰자와 유사한 단백질, 그외에도 아미노산을 함유하고 있다. 블루베리보다 훨씬 많은 항산화제와 레드와인보다 더 많은 플라보노이드가 들어 있다.

단백질, 콩류, 견과류를 먹어라

단백질과 섬유소는 하루 동안 우리 몸의 에너지와 혈당 수준을 유지하도록 돕는다. 이에 더하여 건강한 몸과 마음을 만드는 데 필요

한 영양소와 미네랄을 제공한다. 여기 에너지가 듬뿍 담긴 단백질원
몇 가지를 소개한다.

- **달걀**은 거의 완전식품에 가깝다. 또 완전 단백질(달걀에 함유된 필수 아미노산 때문에)이라 할 수 있다. 달걀은 포화지방이 낮고 비타민 A와 D, B12, 엽산, 리보플라빈, 인, 아연을 함유하고 있다. 슈퍼마켓에서 오메가3 지방산이 들어 있는 유기농 달걀을 찾아라.

- **땅콩버터와 아몬드 버터**는 통밀빵, 사과와 곁들이면 영양가 높은 든든한 간식이 된다.

- **견과류**는 비타민, 미네랄, 단백질, 비타민 E와 단불포화지방의 보고다. 단, 너무 많이 먹으면 살이 찔 수 있다. 하루 한 주먹 정도면 충분하다. 호두는 오메가3 필수지방산이 풍부하다. 견과류 중에서도 아몬드는 단불포화지방, 단백질, 비타민 E가 가장 잘 결합되어 있다. 『미국의학협회저널*The Journal of the American Medical Association*』은 음식물을 통해 비타민 E를 충분히 섭취한 사람이 최소량만 먹는 사람보다 알츠하이머병에 걸릴 확률이 67퍼센트 낮다고 발표했다.
  여러 견과류를 먹어보고 무엇이 입에 맞는지 알아내라. 잘게 썬 견과류를 구입해서 시리얼이나 샐러드에 넣어 먹으라. 지속적인 에너지 촉진제가 필요한 오후에 간식으로 먹으면 좋다.

- **저지방 요구르트**는 비타민 흡수를 도와주고 세포에 영양을 준다. 또 면역체계를 높이고 항박테리아성 칼슘을 공급하며 소화기관 건강에 도움이 된다. 설탕과 감미료가 들어 있지 않은 유기농 요구르트를 골라라.

- **병아리콩**은 수용성 섬유질이 풍부하며 콜레스테롤을 없애준다. 또한 단백질, 엽산, 비타민 E, 칼륨, 철분, 망간, 구리, 아연, 칼슘을 섭취할 수 있어 좋다. 기름을 몇 방울 넣고 믹서로 갈기만 해도 건강하고 맛있는 건강식품이 된다.

에너지 초콜릿의 즐거움

이제 초콜릿을 먹으면서 꺼림칙해할 필요가 없다. 다크초콜릿은 건강한 음식이다. 초콜릿을 적절히 먹으면 풍미가 있고, 즐겁고, 부드럽다. 다크초콜릿에 심장병 개선에 도움이 되는 항산화제, 페놀 그리고 플라보노이드가 함유되어 있다는 사실은 많은 사람들이 알고 있다. 그러나 다크초콜릿이 뇌에서 세로토닌과 엔도르핀(행복 신경전달물질) 수준을 높여 기분을 즐겁게 해주는 활성성분을 다량 함유하고 있다는 것도 알고 있는가? 그렇다고 기분이 우울할 때 아무 초콜릿이나 먹어서는 안 된다. 초콜릿이 섞인 과자를 먹지 말고 다크초콜릿을 먹어라. 물론 다크초콜릿을 밥 먹듯이 먹으라는 뜻은 아니다. 우울할 때 적당량 먹으면 기분이 좋아질 것이다. 카카오가 56퍼센트 이상 함유된 제품을 찾아라.

비타민의 도움을 받아라

가장 좋은 것은 우리 몸에 필요한 모든 비타민과 미네랄을 자연식품에서 얻는 것이다. 그러나 아쉽게도 언제나 가능한 일은 아니다. 그래서 건강과 에너지를 증진시키는 보조수단으로 영양보충제를 추천한다. 의사와 상담을 한 뒤 자신에게 맞는 비타민제를 꾸준히 섭취하라.

● **멀티비타민** 건강 전문가들은 약 100퍼센트의 일일권장량을 함유한 비타민제 섭취를 권한다. 멀티비타민을 먹으면 확실히 건강과 에너지 유지를

돕는 충분한 양의 비타민과 미네랄을 섭취할 수 있다.

● **비타민 B 복합체 비타민제**는 보통 열 가지 비타민 B, 즉 B1, B2, B3, B5, B12, 엽산 등으로 만들어진다. 비타민 B 군은 간의 기능을 증대시켜 스트레스 호르몬을 없애며 에너지 신진대사를 증진시키고 신경체계를 건강하게 유지시켜 준다. 최근 연구에 따르면, 비타민 B9인 엽산은 뇌의 주요 물질을 형성하는 데 꼭 필요한 요소다. 이것이 부족하면 우울증이나 다른 정신적 부작용을 초래할 수 있다. 비타민 B 복합체는 B50(비타민 B 50mg을 의미한다), B75(비타민 B 75mg), B100(비타민 B 100mg) 등 함량이 다양하다.

● **코엔자임 Q-10** CoQ10으로도 불리는 이 비타민제는 세포의 에너지 생산에 필수 성분이다. CoQ10은 자동차 엔진에서 스파크 플러그에 비유될 수 있다. 스파크 플러그가 시동을 걸 때 최초의 스파크를 만드는 것처럼, CoQ10 역시 우리의 몸, 특히 심장세포에서 에너지를 생산할 수 있게 페달을 밟아 시동을 거는 역할을 한다.

비타민에 관한 필수 정보

● 합성비타민 대신 자연식품을 원료로 만든 비타민을 찾아라. 자연식품 영양보충제라고 쓰인 비타민 제품이어야 한다.

● 비타민의 강도와 배합이 자신에 맞는가를 결정하려면 의사(또는 약사)와 상의하라.

● 비타민 보충제는 건강한 식생활을 완전히 대체할 수는 없으며, 음식물 섭취와 조화를 이루어야 한다는 점을 명심하라. 영양소, 비타민 그리고 미네랄의 최고 원천은 누가 뭐래도 건강한 자연식품에 있다.

에너지를 높이는 여섯 번째 방법 :
긍정적인 사람을 만나라

다음은 '엘리베이터 원리'라고 부르는 간단한 법칙에 관한 이야기다. 우리 주변에는 기분을 좋게 하는 사람과 기분을 망치는 사람이 있다. 그러므로 우리 주위의 모든 사람은 에너지 단계에 엄청난 영향을 끼친다는 사실을 명심해야 한다. 에너지를 고갈시키는 사람을 잘 다루는 법을 배우는 것이 중요한 인생 수업이며, 이 책에서 앞으로 다룰 내용이다. 반면에 우리를 지탱해 주고 활력을 주는 사람과는 손을 잡아야 한다. 즉, 긍정적인 에너지를 주고받을 수 있는 사람들과 관계를 맺어야 한다. 그리고 일상생활에 필요한 정신적 연료를 제공해 주는 에너지 팀을 만들어야 한다. 긍정적인 사람을 만나서 에너지를 활성화시킬 수 있는 몇 가지 방법을 소개한다.

1 **에너지를 활성화시키는 사람들의 리스트를 만들어라.** 누가 당신의 에너지 팀에 속하는지 살펴보라. 아마도 직장 상사, 동료, 형제자매, 배우자, 부모, 친구 중에서 찾을 수 있을 것이다. 매주 그들과 함께할 시간을 짜라. 일주일에 한 번 식사를 하고 대화를 나누어라. 아니면 매주 모임을 갖는 것도 좋다. 만나야 할 사람이 너무 많다면 가장 중요한 사람부터 차례차례 만나라.

2 **목표와 비전을 사람들과 공유하라.** 삶에 긍정적 변화를 일으킬 수 있도록 주변 사람들에게 목표와 비전을 밝히고 지지를 요

청하라. 더 좋은 방법은 활력을 주는 사람들과 함께 긍정적인 변화를 만들어나가는 것이다.

3 긍정적 에너지 팀을 결성하라. 긍정적인 주제에 관해 이야기하고 긍정적인 책을 읽고 긍정적으로 행동할 긍정적인 사람들의 모임을 결성하라. 많이 모여 정보를 교환하고 서로의 에너지를 높여줄수록 좋다.

4 활력을 주는 사람들과 자주 연락하라. 적어도 한 달에 한 번은 만나 식사를 하면서 이야기를 나누어라. 그것이 어려우면 일주일에 한 번은 전화를 걸어 안부를 묻고 자신의 삶에 대해 들려주어라.

5 애완동물을 키워라. 애완동물은 사람과는 다르지만 사람에게 기쁨과 활력을 준다. 애완동물이 사람의 건강과 행복을 높인다는 연구 결과는 상당히 많다. 나의 어린 시절에 개는 나의 가장 친한 친구였다. 나는 그 개를 오늘날까지도 기억한다.

에너지를 높이는 일곱 번째 방법 :
좋은 음악을 들어라

라디오에서 좋아하는 음악이 흘러나올 때 자신도 모르게 입가에 웃음이 떠오르는 적이 있다면 음악이 에너지를 높이는 데 얼마나 큰 힘이 되는지 잘 알 것이다. 음악은 신체와 뇌세포 하나하나가 진동하는 것처럼 일정한 진동수로 울리는 에너지다.

음악은 질병 치료에도 강력한 힘을 발휘한다. 병원 중에는 『모차르트 효과*The Mozart Effect*』의 저자인 돈 캠벨Don Campbell에게 의뢰하여 특별한 분위기와 원하는 에너지 효과를 창조하도록 각 병동마다 다르게 음악을 디자인하는 곳도 있다. 캠벨은 음악의 효과에 대해 "심장박동보다 느리거나 심장박동과 똑같은 템포를 가진 음악은 청취자의 긴장을 풀어준다. 반면에 심장박동보다 빠르고 경쾌한 음악은 자극적이고 활력을 준다."고 지적한다. 음악은 기분을 완전히 바꿀 수도, 긴장을 풀게 할 수도, 의욕을 고취시킬 수도 있다.

중요한 것은 음악을 듣는 방법과 시기를 파악해 음악이 에너지의 한 부분이 되도록 하는 것이다. 그러면 음악은 평생 동안 에너지의 동반자가 된다. 음악으로 활력을 얻는 방법은 다음과 같다.

음악을 이용한 에너지 전략

- 에너지를 높이고 싶다면 발걸음에 활력을 주는 노래를 들어라.

- 직장에서 힘든 하루를 보내면서 생긴 긴장을 풀고 싶다면 조용한 음악을 들어라.

- 뇌를 계발하고 창의력을 높이고 싶다면 모차르트를 들어라.

- 조용한 가운데 에너지를 얻고 싶다면 클래식 음악을 들어라. 『영성과 건강 매거진*Spirituality and Health Magazine*』에 실린 한 기사에서, 메릴랜드에 있는 세인트 아그네스 병원의 의사 레이몬드 바Raymond Bahr는 "음악을 30분 동안 듣는 것은 발륨Valium(정신안정제―옮긴이) 10밀리그램을 먹는 것과 같은 효과를 낸다."고 말했다.

여기까지가 에너지 토대를 형성하는 '일곱 가지 에너지 촉진제'

다. 이제 우리는 에너지를 활성화시킬 수 있는 원료가 생겼다. 다음 단계는 에너지를 성장시키고 하루 10분 플랜의 힘으로 이 토대 위에 집을 짓는 것이다.

3

10분이 우리 삶을 어떻게 바꾸는가

— 에너지 플랜이 우리에게 주는 것

홀륭한 코치라면 누구나 '비전'이 성공을 위한 필수 요소임을 알고 있다. 비전을 가지고 꾸준히 실천하는 사람은 어떤 시련이 닥쳐도 좌절하지 않는다. 성공하는 데 비전이 얼마나 중요한가를 보여주는 한 연구가 엔지니어와 비행기 디자이너들로 구성된 두 그룹을 대상으로 실시되었다. 한 그룹에게는 "지금까지 디자인된 모든 비행기를 능가하는 가장 빠르고 가장 첨단이며, 가장 혁신적인 비행기를 만든다."고 말했고, 다른 그룹에게는 그저 "비행기를 디자인한다."고 말했다. 그리고 실험 대상자들은 자신이 만드는 것이 궁극적으로 무엇이 될지 모른 채 자신의 영역에서 디자인 작업을 시작했다. 연구 결과는 비전을 들었던 그룹은 두 배 더 열심히 일했고, 다른 그룹보다 훨씬 더 커다란 성과를 냈다.

이 실험 결과를 명심하면서, 10분 에너지 플랜의 뜻을 마음에 깊이 새기기 바란다. 이 에너지 플랜은 당신이 원하는 바를 성취하도록 도와준다. 뚜렷한 삶의 비전을 갖고 에너지 플랜을 실천에 옮길 때 인생이 궁극적으로 어떻게 변화한다는 것을 이해한다면, 긍정적 에너지를 내뿜는 강력한 에너지 원천이 될 것이며 실천 의욕이 강해질 것이다. 에너지 플랜을 디자인이라 생각하고, 자신이 이 디자인을 통해서 한 단계 한 단계 성장하는 엔지니어라고 생각하라.

에너지가 많아진다

에너지 플랜을 실천한 사람들에게서 가장 흔하게 듣는 말 가운데 하나는 "훨씬 더 많은 에너지를 얻었고, 생기 있고 깨어 있는 느낌"이라는 것이다. 즉, 에너지 플랜은 에너지 스위치를 켜려면 반드시 지나가야 하는 암울함과 스트레스, 피로의 터널을 잘 통과할 수 있게 도와주는 등불과 같다. 에너지 플랜을 실천에 옮긴다는 것은 궁극적으로 에너지 스위치를 켜는 행동이다. 스위치를 자주 켤수록 에너지는 더 강해진다. 하루 10분 동안 에너지 훈련을 하면 더욱 많은 에너지로 돌아와 삶과 일에 활력을 준다. 에너지는 에너지를 낳는다.

에너지 플랜은 에너지 원천을 증진시키는 다양한 훈련을 포함한다. 신체적인 에너지가 상승하면 정신적, 정서적 에너지도 동반 상승하는 효과가 있으며, 정신적, 정서적 에너지는 다시 신체적 에너지를 상승시킨다. 중요한 점은 스스로 계획을 세워 에너지 플랜을 실천해야 한다는 것이다. 그리고 얼마나 상태가 좋아졌는가를 느껴라. 자신이 지닌 모든 에너지를 망설임 없이 투자하라. 에너지 플랜에 집중하면 분명히 많은 것을 얻는다.

더 행복해진다

"사람은 자기가 행복하기로 마음 먹은 만큼 행복하다"
_ 링컨

세상의 온갖 스트레스와 부정적인 내용으로 가득 찬 뉴스를 듣다 보면 도대체 이 세상에 희망이 있는지 의문이 든다. "나는 무엇 때문에 사는가?"라고 절로 묻고 싶어진다. 너무 지쳐 있어서 어디서부터 시작해야 할지 모르는 기분이 들 수도 있다. 나 역시 그런 생각이 들 때면, 한 남자가 현자를 만나러 간 이야기를 떠올린다.

남자가 현자에게 물었다.

"제 마음속에 개가 두 마리 있습니다. 한 마리는 긍정적이고 사랑스럽고 친절하고 유순하고 행복한 개입니다. 다른 한 마리는 야비하고 성질 사납고 부정적이고 슬픈 개입니다. 그 개들은 하루 종일 싸웁니다. 저는 어떻게 해야 할지 모르겠습니다. 누가 이길지 모르겠습니다."

현자가 곰곰이 생각한 뒤 이 곤란한 질문에 대답했다.

"나는 어느 개가 이길지 알고 있네. 그대가 먹이를 더 주는 개가 이기네."

이것이 바로 매일 매 순간 직면하는 선택이다. 당신은 인생에서 부정적인 개에게 먹이를 줄 수도 있고, 긍정적인 개에게 먹이를 줄 수도 있다. 지금 당신은 어떤 개에게 먹이를 주고 있는가? 에너지 플랜은 부정적인 에너지를 굶주리게 하고 긍정적인 에너지를 활성화시키는 길로 가는 디딤돌이다. 에너지 플랜은 긍정적 개에게 줄 먹이다. 긍정적인 개는 잘 먹이면 먹일수록 더 잘 자란다.

우리에게는 행복을 창조할 수 있는 기회가 매일 매순간 찾아온다. 한 번의 생각, 한마디 말, 하나의 신념, 하나의 선택, 하나의 행동을 통해 원하는 삶을 창조할 수 있다. 이것은 결코 허황된 이론도 과장된 이야기도 아니다. 하나의 과학이다. 대니얼 골먼Daniel Goleman은 『파괴적 감정Destructive Emotions』에서 신경과학에 관한 최신 연구 이야기를 들려주는데, 이 연구의 전반적인 주제는 내가 강조한 '빛 스위치'를 찾아내고, '긍정적인 개에게 밥을 주는' 것이다.

위스콘신 주 매디슨대학교의 심리학 및 신경정신과 교수인 리처드 데이비슨Richard Davidson에 따르면, 좌측 전두엽 전부피질의 두뇌가 활발한 사람은 행복감, 열정, 기쁨, 높은 에너지, 민첩성과 같은 느낌을 자주 경험한다. 그러나 우측 전두엽 전부피질이 활발한 사람은 슬픔, 불안, 걱정을 느끼는 경향이 많다. 그에 따르면, 모든 사람은 매일 느낄 수 있는 좌뇌와 우뇌의 할당량이 각각 다르다. 그는 이것을 좌향 편향(긍정적 감정), 우향 편향(부정적 감정)이라 부른다. 다른 신경과학 전문가들은 이를 가리켜 '행복 세트 포인트'라고 부른다. 그들은 이 세트 포인트가 선천적이라고 믿는다.

미네소타대학교의 심리학과 교수 데이비드 릭켄David Lykken은 오랜 연구를 통해 사람의 근본 심성은 주위 환경이나 분위기의 영향을 좀처럼 받지 않는다는 사실을 발견했다. 복권에 당첨되거나 반신불

수가 되는 사건이 일어난 뒤에도 대부분의 사람들은 일년 안에 과거의 생활로 돌아간다고 보고했다. 복권 당첨, 새로운 직장, 사랑에 빠지는 일, 승진과 같은 사건이나 생활의 변화가 잠시 동안은 우리를 행복하게 만들 수 있다. 그러나 시간이 지나면서 일상의 행복 세트 포인트로 돌아오게 된다.

우리의 마음속에 행복 미터기나 온도조절 장치가 있다고 생각해 보라. 여기서 중요한 점은 이 행복 미터기가 외부가 아닌 내부에서만 조절 가능하다는 점이다. 외부의 사건들은 자신을 변화시킬 수 없다. 행복 세트 포인트는 내면에서만 움직일 수 있고, 작동의 목표는 왼쪽으로 움직이는 것이다. 데이비슨의 연구는 뇌의 활동이 왼쪽으로 향하도록 만들 수 있고, 이 영역을 반복적으로 사용함으로써 뇌의 특정 부분을 강화시킬 수 있음을 보여준다. 다시 말하면, 우리는 행복해지는 방법을 '배울 수' 있다는 뜻이다. 다음 연구 사례들을 보자.

● 앨라배마 주 버밍엄대학교의 행동신경 과학자인 에드워드 토드Edward Taud와 독일 콘스탄츠대학교의 토마스 앨버트Thomas Elbert의 연구 결과에 따르면, 숙련된 음악가들은 음악과 관계된 뇌가 확대되어 있다. 많은 시간 바이올린을 연주하면 음악 연주와 연관이 있는 세포의 양이 늘어나고 신경세포의 전도성이 향상되는 등 뇌가 재설계된다.

● 『네이처Nature』지에 발표된 런던의 택시 운전기사들에 대한 연구에 따르면, 이들이 런던 거리에서 운전하기 시작한 지 6개월이 지나자 방향과 관련된 뇌의 영역이 상당히 강화되었다.

● 데이비슨 박사의 연구는 규칙적인 명상으로 좌측 전두엽 전부피질, 즉

긍정적 감정을 일으키는 곳의 활동성이 증가했음을 보여준다. 그의 연구에 따르면 좌측 전두엽 전부피질의 활동이 활발하면 할수록 불안감은 낮아지고 긍정적인 감정상태가 되며, 면역력은 향상된다.

이제 우리의 일상생활과 직장에서 사용하는 다양한 기능에 대해 살펴보자. 처음 어떤 기능을 배우고 사용하기 시작했을 때, 애초 어떻게 이 기능에 숙달되었는가를 떠올려보라. 그 기능이란 자전거 타기, 전화기 텔레마케팅, 키보드 사용법 익히기 등 여러 가지가 있겠지만 처음에는 모두 어색했을 것이다. 그러나 오랫동안 꾸준히 연습한 결과 이제는 특별히 신경 쓰지 않고서도 거의 자동적, 습관적으로 그 기능을 자연스럽게 해낼 수 있다. 즉, 뇌는 행동에 즉각적으로 반응하고, 행동은 뇌의 명령에 응답한다.

긍정적이거나 부정적인 생각도 같은 원리로 작동한다. 그러므로 당신이 부정적인 마인드를 가지고 태어났어도 충분히 변화시킬 수 있다. 즉, 좌측 전두엽 전부피질을 계속 활성화하는 반복적인 생각, 경험, 감정을 통해 긍정적인 삶으로 변화시킬 수 있다. 그런 시도를 많이 할수록 응답은 더욱 자동적으로 이루어지며, 뇌의 좌측 기능은 한층 강해진다. 긍정적인 개에게 먹이를 주는 것과 같다.

이렇듯 행복과 긍정적 에너지는 번개 치듯 한순간에 일어나는 것이 아니라 스스로 창조하는 것이다. 긍정적 에너지는 노력해서 획득할 수 있는 기능이자 습관이다. 골프 치는 연습을 많이 하면 더 훌륭한 골퍼가 되고, 피아노 레슨을 꾸준히 받으면 더 훌륭한 피아니스트가 되는 것처럼, 행복을 배양하는 기능을 연습하면 더 행복해질 수 있다. 부정적 마인드를 가지고 태어났거나 아니면 습관적으로 부정적인 생각을 해서 부정적인 마음이 굳어졌다 해도 얼마든지 고칠 수 있다.

사람들은 저마다 다른 능력을 지니고 태어나듯이 긍정적인 마인드도 각자 다르게 타고난다. 어떤 사람은 작은 일에서도 다른 사람보다 더 행복을 느낀다. 마치 누군가는 남보다 노래를 더 잘 부르거나 피아노를 잘 치거나 그림을 잘 그리거나 운동을 잘하듯이 말이다. 그런데 행복과 긍정적 에너지를 느끼는 것을 포함해 이 모든 능력들은 훈련을 통해 향상시킬 수 있다. 따라서 지금 당신의 행복 세트 포인트가 어디에 있느냐는 문제가 되지 않으며, 열심히 훈련하면 그 세트 포인트를 더 낮출 수 있다는 것, 즉 더 쉽게 긍정적 마인드를 가질 수 있다는 것을 명심하라.

에너지 플랜은 뇌가 긍정적으로 기능할 수 있게 한다. 아인슈타인은 특정한 정신적 경험을 '강건하다muscular'고 지칭했다. 이 말은 신체 근육을 단련시켜서 몸을 튼튼하게 만드는 것처럼 정신적, 정서적, 영적 힘도 더욱 강하고 더욱 긍정적이며 스트레스에 더욱 잘 저항할 수 있고 더욱 활동적으로 훈련시킬 수 있음을 뜻한다. 역도가 몸의 근육을 만드는 것처럼 에너지를 높여주는 정신적, 감정적인 운동을 실행하면 정신과 감정의 힘을 키울 수 있다.

두려움 대신 믿음을 가져라. 스트레스 대신 침착을 찾아라. 부정적인 에너지 대신 긍정적인 에너지로 스스로를 채워라. 이때 반복이 가장 중요하며 하루 10분만으로도 평생 지속적인 효과를 볼 수 있다.

스스로를 신뢰하는 법을 배운다

믿음은 두려움의 해독제다. 믿음은 두려움을 멀리 사라지게 한다. 즉, '내가 하는 일은 모두 실패로 돌아가'라는 생각을 버리고, '나는 성공할 수 있어'라는 믿음을 가져라. 두려움이 초조함과 실패를 낳는 반면 믿음은 평화와 성공을 만든다. 두려움은 분리를 가져오지만 믿음은 화합을 추구한다. 두려움은 불안, 불행, 스트레스의 원인이 되지만 믿음은 평화, 온화, 행복을 창조한다. 하루 10분 에너지 플랜은 믿음을 더 강하게 하고 두려움은 줄여준다. 에너지 플랜은 믿음의 토대를 탄탄히 세움으로써 마음속 두려움을 극복하고 억제할 수 있게 해준다. 에너지 플랜은 정신적, 감정적 힘을 개발하여, 절망에 빠뜨리는 두려움의 에너지를 퇴치한다.

신경학자 폴 매클린Paul MacLean은 인간은 상호작용을 하는 세 개의 뇌를 가지고 있다는 이론을 개발했다. 그는 진화 정도에 따라 뇌를 세 부분으로 나누었다. 뇌의 가장 낮은 부분을 '파충류의 뇌'라 지칭했는데, 이 뇌는 뇌간과 소뇌를 포함한다. 이 뇌는 본능과 생존을 위한 것으로, 감정과는 관련이 없다. 이 뇌는 소화, 생식, 순환, 호흡, '맞서 싸우기' 또는 '도망가기' 대응을 관장한다.

뇌의 두 번째 부분은 뇌의 감정 중추이자 편도체를 포함하는 '대뇌 변연계'다. 편도체는 '두려움의 창고'다. 즉, 다치거나 고통의 원인이 되는 모든 것을 기억한다. 그 덕분에 우리는 길을 건너기 전에 좌우를 살핀다. 나의 경우, 편도체는 호텔 방문을 체인 자물쇠를 이용해서 안전하게 이중으로 잠그게 만든다. 언젠가 호텔에서 방문에 붙어 있는 자물쇠만 잠그고 자는 동안, 누군가 내 방에 침입한 적이 있기 때문이다. 그 기억은 그 뒤로 계속해서 방문을 이중으로 잠그라고 상기시켜 준다.

편도체는 또한 어떤 것이 좋은 것인지 나쁜 것인지, 또 즐거운 것인지 고통스러운 것인지 판단을 내린다. 생존문제와 관련한 기능도 한다. 이성적으로 생각하는 대신 즉각적으로 판단하게 해서 재빨리 주먹을 한 방 날리고 안전한 곳으로 도망치게 만든다. 호랑이가 당신을 잡아먹으려고 하는데 생각할 겨를이 있겠는가? 생존을 위해서는 즉각적인 반응 시스템이 필요하며, 다행히 우리에게는 그런 시스템이 있다.

가장 높은 세 번째 부분을 '대뇌 신피질'이라 부른다. 신피질은 뇌의 6분의 5를 차지한다. 매클린은 이 부분이 뇌 진화의 마지막 단계라고 설명했다. 즉, 이것이 인간과 동물을 구분하는 경계다. 신피질은 우리에게 생각하고, 합리화하고, 믿는 능력을 주며, 창조, 직감, 동정, 지능을 관장한다.

이 세 개의 뇌 사이에는 생각, 감정, 행동을 연결해 주는 뉴런과 신경, 그리고 전기적 경로의 조직망을 통해 계속적으로 소통이 이루어진다. 파충류의 뇌와 변연계 시스템이 두려운 사건을 기억하고 행동하도록 통합하는 반면에, 신피질과 변연계 시스템은 신경과 관련한 방대한 네트워크를 경유하여 생각하고 느끼고 믿고 사랑하기 위해 함께 작동한다.

우리가 어떻게 생각하고 행동하고 살아가는가는 뇌의 어떤 부분이 활성화되어 있는가에 따라 다르며, 세 개의 뇌 영역이 어떻게 상호작용하는가에 따라서도 다르다. 만일 계속 두려움을 느낀다면 파충류의 뇌와 대뇌변연계는 지나치게 활동하는 반면 신피질은 충분히 활용되지 않고 있다는 의미다. 위기상황에서도 침착하게 행동한다면, 신피질을 효과적으로 사용할 줄 알고 그 덕분에 원초적인 반응 시스템을 제어할 수 있다는 뜻이다.

종종 지나치게 이성적이고 지나치게 분석적인 사람이 있다. 이런 사람들은 '분석 마비'(상황의 분석에만 매달리느라 문제의 해결책을 찾아 행동하지 못하는 증상—옮긴이) 상태에 빠져, 무심하고 감정이 없는 사람처럼 보인다. 반면에 충동적인 사람도 있다. 충동적인 사람은 신피질을 사용하는 법을 배우지 못했기 때문에 마음을 다스리지 못한다. 충동적인 사람은 원하는 것은 무조건 움켜쥐고, 두려움에 근거해서 생존을 영위한다.

하루 10분 에너지 플랜의 목적은 상위의 뇌가 긍정적 감정과 긍정적 에너지를 발산하여 부정적 감정과 파충류의 뇌를 제압하도록 이끄는 것이다. 이는 놀랍고 새로운 방법이다. 누구든지 파충류의 뇌를 길들이고 훈련시킬 수 있다. 상위의 뇌를 더 많이 사용하는 방법을 배움으로써 우리는 두려움을 극복할 수 있다. 하위의 뇌가 상위

뇌에게 영향을 끼치는 대신에 상위의 뇌가 하위의 뇌에 영향을 끼치도록 훈련시킬 수 있다. 부모는 충동적인 아이들을 가르칠 수 있으며, 상사가 당신을 음란한 눈빛으로 바라볼 때, 본능적으로 대응하지 않고 모든 것이 잘될 것이라고 믿으면서 침착성을 유지할 수 있으며, 나아가 그 상사의 사고까지 바꿀 수 있다. 마음에 상처를 입은 상황에서도 미래를 믿고 희망을 가질 수 있다.

우리는 어려운 상황에 부딪히면 가장 먼저 두려움을 나타낸다. 우리는 사람이며, 사람은 그렇게 설계된 존재이기 때문이다. 그러나 우리는 신피질이라는 축복을 받았기 때문에 생각하고 믿고 기도함으로써 이 본능적인 두려움을 극복할 수 있다. 그리고 나는 이 책에서 두려움을 극복하여 건강과 행복을 증진시키고, 발전적인 인간관계를 가로막는 장애물을 물리치도록 안내할 것이다.

매일 매순간 우리는 '믿을 것이냐 두려워할 것이냐'라는 선택의 기로에 선다. 이 책에서 제시하는 에너지 플랜은 여러분이 믿음을 선택하도록 설계되어 있다. 믿음을 선택하는 사람은 생존하려고 발버둥치는 대신 잘 사는 법을 배우게 된다. 일생 동안 힘겹게 싸우는 대신 물 흐르듯 자연스럽게 사는 법을 배울 것이다. 그리고 늘 최악의 상황이 올까 두려워하는 대신에 최선의 결과가 온다는 희망을 갖는 법을 배울 것이다. 두려움 대신 신뢰를, 절망 대신 희망을, 비관 대신 낙관을 얻을 것이다. 두려움의 에너지는 잠시 동안 우리를 사로잡을지 몰라도, 결국에는 사라질 것이다. 믿음은 인생의 여정을 위한 고농축 연료다. 믿음은 우리가 가고자 하는 곳으로 이끌어준다.

감정 에너지가 향상된다

> "감정은 불과 같다. 불은 당신의 음식을 요리하고 당신을 따뜻하게 해준다.
> 그러나 불은 당신의 집을 태워버릴 수도 있다."
> _ 커스 다마토(마이크 타이슨을 가르친 권투 트레이너)

타이슨의 선수 경력과 삶을 되짚어보면 그가 집을 여러 번 태운 사실을 알 수 있다. 인간의 감정은 에너지로 충만한 엄청나게 강력한 힘이다. 감정은 우리가 긍정적으로 또는 부정적으로 행동하도록 불을 지핀다. 알 수 없는 이유로 기분이 나쁘거나 두려움을 느껴본 일이 있는가? 그렇다면 슬픔, 피곤, 무감각, 우울함을 일으키는 부정적 에너지로 꽉 채워진 부정적 감정이 어떻게 만들어지는지 잘 알 것이다. 반면에, 지루한 모임에서 누군가가 당신이 좋아하는 화제를 꺼낼 때 긍정적인 감정이 어떻게 생기를 불어넣는가도 잘 알 것이다.

관중으로 가득 찬 축구 경기장에 가본 적이 있다면 긍정적 감정으로 충만한 사람들이 어떠한 결과를 만들어내는지 잘 알고 있을 것이다. 그리고 서로를 비난하고 싸우는 가족모임에 참석한 적이 있다면 부정적인 감정과 부정적인 에너지가 얼마나 강력하고 나쁜지를 알고 있을 것이다.

감정은 전기처럼 통한다. 그래서 성공이나 실패, 행복이나 불행, 풍요나 결핍을 창조하는 힘이 있다. 기분과 생각이 감정에 영향을 끼치고 또 감정은 생리기능에 영향을 끼치기 때문에, 기분과 생각을 전환하려면 감정을 긍정적으로 바꿔야 한다. 중요한 회의나 경기에서 애써 태연한 얼굴을 지어야 하거나, 가족모임에 앞서 정신무장을 해본 적이 있다면 감정을 통제한다는 것이 어떤 의미인지 알 것이다.

긍정적인 감정으로 스스로를 충전함으로써 절망이라는 하향곡선에서 벗어날 수 있다. 감정이 생각과 느낌을 좌지우지하게끔 내버려두지 말고 스스로가 감정, 생각, 느낌을 통제하라. 어떤 사람은 이것을 '될 때까지 그런 척하기'라고 말하지만 나는 '정신적, 감정적인 힘 키우기'라고 부른다. 자신이 느끼기를 원하는 특정 감정을 키우는 훈련을 하면 마음과 몸의 최적상태를 만들 수 있다. 처음에는 감정을 충전하는 것이 어색할 것이다. 그러나 자전거를 타듯이 시간이 지나면서 자연스러워진다. 먹기, 생각하기, 마시기처럼 감정도 습관이다.

하루 10분 에너지 플랜의 목표는 삶에서 긍정적인 감정을 배양하도록 이끄는 것이다. 이 플랜을 훈련하면서 키워나갈 긍정적인 감정은 자신의 한 부분이 되며, 결국 삶의 모든 영역에 긍정적 영향을 끼칠 것이다.

스트레스에서 해방된다

"우리가 우리에게 일어나는 모든 것을 통제할 수는 없으나
우리 안에서 발생하는 것은 통제할 수 있다."
_ 벤자민 프랭클린

몸을 이용하는 힘의 시대는 지났다. 다윈의 적자생존 법칙은 역

사의 한 페이지를 장식할 뿐이다. 군인이거나 야생에서 살지 않는 한 더 이상 육탄전을 하거나 호랑이를 피해 달아날 일은 없다. 오늘날의 생존법에서는 육체적인 능력보다는 스트레스를 관리하는 능력이 더 중요하다. 질병통제센터Centers of Disease Control는 1세에서 65세 사이의 사망 원인 중 절반 이상이 스트레스에 의한 질병이라고 발표했다는 사실에 주목하라.

에너지가 부족하고, 첨단기술에 시달리고, 시간집약적인 이 사회에서 필요한 새로운 법칙은 '가장 편안한 자의 생존법칙'이다. 나는 이것을 '의식의 다윈주의'라고 부른다. 약탈자의 공격에 맞서기 위해 신체적으로 진화하는 대신 우리는 급변하는 사회의 도전에 맞서기 위해 의식적으로 진화해야 한다. 결국, 우리를 해치는 것은 호랑이나 날카로운 창이 아니라 두려움, 스트레스 등 부정적인 사고방식이다. 이제 우리는 다른 부족들과 싸우는 대신 현란한 숫자, 스타벅스에서 줄서기, 출퇴근의 교통지옥과 싸워야 한다. 이러한 것들은 곳곳에 숨어 우리를 향해 스트레스를 뿜어내고 있다.

스트레스는 흐르는 물을 막는 댐과 같아서, 독소, 박테리아, 부정적 사고, 무기력, 그외의 해로운 영향력을 강화시킨다. 스트레스는 우리의 몸 안에서 건강한 에너지의 흐름을 가로막는 장벽을 만들고, 이 장벽은 신체적 장애를 일으킨다. 스트레스가 심장으로 피를 원활하게 보내지 못하는 동맥경화와 연관이 있다는 것은 놀라운 일이 아니다. 에너지가 흐르지 못하고 고여 있는 몸에 독소와 질병이 생기는 것은 당연한 일이다.

스트레스는 개인의 건강뿐 아니라 사회에도 해를 끼친다. 따라서 스트레스를 줄이는 것이 지금 가장 필요한 생존전략이다. 스트레스를 긍정적인 에너지로 바꾸는 법을 배우면 생존뿐만 아니라 번성까지 할 수 있다. 그러므로 우리는 의식적으로 진화해야 하며 세상의 소용돌이 가운데서도 평온을 찾는 방법을 배워야 한다. 또 날마다 전투를 치르듯 사는 대신 자연에 순응해 살아가는 기술을 익혀야 한다. 물론 그 훈련은 쉽지 않다. 하지만 건강과 에너지를 유지하고자 한다면 반드시 익혀야 한다. 다행히도 우리는 '에너지 플랜'을 통해 스트레스를 줄이고, 의식적으로 진화하며, 오랫동안 평온하고 건강한 삶을 누릴 수 있다.

부정적 감정과 사고방식을 털어낸다

"당신이 화를 내는 순간순간마다 당신은 참다운 행복을 상실하는 셈이다."
_ 랄프 와도 에머슨

에너지 코치를 하면서 내가 발견한 가장 중요한 사실은, 아무리 긍정적인 감정, 생각, 확신으로 충전했더라도 부정적인 생각을 깨끗하게 털어버리지 않으면 삶의 질이 변화하기 힘들다는 점이다. 나는 확고한 신념을 갖고 에너지 행동수칙을 꾸준히 실천하면서 에너지 훈련을 모두 마쳤지만 원하는 결과를 얻지 못한 사람들을 많이 보았다. 그 이유는 부정적인 생각을 완전히 털어내지 못했기 때문이었다.

우리 인간의 에너지 시스템은 파이프라인과 같다. 아무리 긍정적인 에너지로 충전시켜 놓아도 그 안에 불순물이 끼어 있으면 잘 작동하지 않는다. 생태계와 마찬가지로 에너지 시스템도 쓰레기와 독소를 제거해야 활발하게 움직인다. 가정에서 쓰레기를 없애듯이 우리의 몸 안에서 독소를 없애고 유해물질을 없애야 에너지가 물 흐르듯 흐른다. 자연의 모든 존재와 마찬가지로 우리도 근육의 성장과 생성에 장애가 되는 정신적, 감정적인 독소를 제거할 필요가 있다. 에너지 파이프라인 안의 찌꺼기를 제거하라. 찌꺼기를 제거하지 않는 것은 집 안에 쓰레기를 쌓아두고 사는 것과 같다.

이 '찌꺼기'는 분노, 원한, 자기 의심, 과거의 아픈 상처, 감정적 고통, 두려움의 형태를 띠고 있다. 부정적인 감정과 사고방식은 그저 기분에 지나지 않는 것이 아니라 실제로 존재하며, 신체, 정신, 감정, 영성을 짓누르는 저기압의 무거운 에너지다. 또 이 나쁜 에너지는 몸과 정신의 한가운데를 차지한다. 긍정적인 에너지를 충전하려고 아무리 노력해도 찌꺼기를 가지고 있는 한 에너지는 원활하게 흐를 수 없다. 그리하여 가능성 실현을 방해하여 인생을 좋은 모습으로 완성하기 힘들게 한다. 활기차게 흘러갈 수도 있는 에너지의 흐름을 스스로 가로막으면서 '왜 나는 불행하지? 왜 내 인생은 제대로 풀리지 않을까?'라고 의문을 갖는 것은 정녕 어리석은 행동이다.

누군가를 용서함으로써 마음을 짓누르는 짐을 덜어낸 기분을 느낀 적이 있을 것이다. 마찬가지로 마음의 찌꺼기를 덜어내야 삶이 행복해진다. 사람들은 모두 마음 한구석에 찌꺼기를 가지고 있다. 그것은 어쩔 수 없는 삶의 한 모습이다. 내가 만난 사람들은 모두 다른 사람들에게 매도되거나 무시당하거나 버려졌거나 배신당한 경험을 안고 있었다. 그들은 스스로도 깨닫지 못하는 사이에 그 가슴 아픈 사건과 느낌에 집착한다. 그들은 자신의 감정적인 고통이 에너지에 영향을 준다는 사실을 깨닫지 못한다. 이제 우리는 더 가볍고 자유롭고 행복하게 살기 위해 지난 삶을 떨쳐버려야 한다.

● ●

마음의 고요함을 찾는다

고요함은 누구에게나 마음의 안식을 준다. 그러나 불행하게도 오늘날은 자동차, 사이렌, 전화 벨소리, 비디오 게임, 텔레비전 등 소음으로 가득 찬 세상이 되었다. 그러기에 고요함의 가치는 제대로 인정받지 못하며 충분히 이용되지도 못한다. 사람들은 어렵사리 찾아온 고요한 시간에도 휴대전화를 꺼내 든다. 그냥 숨소리를 듣고 심장의 고동을 느끼면서 영혼의 정적 속에 앉아 있는 경우는 거의 없다.

고요한 순간 우리는 마음을 재충전하고, 몸에 활기를 주고, 내일을 위한 동력을 얻을 수 있다. 그러므로 고요함은 강력한 에너지 원천이다. 천둥이 치기 직전에 정적이 있다. 오케스트라가 아름다운 연주를 하기 직전은 고요하며 야구 경기에서 멋진 홈런이 나오기 전에도 고요함이 있다. 모든 것은 고요에서 태어난다. 고요는 끝없는 에너지다. 침묵을 위한 시간을 갖는다는 것은 태양, 달을 탄생시킨 무한한 에너지의 원천과 만나는 것이다.

에너지 플랜은 고요한 순간을 창조하고 그 에너지를 내 것으로 만드는 데 도움을 준다. 에너지 플랜은 비즈니스와 소음으로 삶을 가득 채우거나 경주용 자동차처럼 에너지를 격렬하게 소모하게 하는 대신 잠깐 멈춰 서서 '침묵 에너지 주유소'에서 연료를 채울 수 있도록 한다. 최고의 카레이서라면 가끔 차를 멈추고 연료를 채워넣는다. 기름이 바닥날 때까지 달리다가는 엔진을 망가뜨리기 때문이다.

그러므로 하루에 한 번 이상 침묵 시간을 가져 유용한 에너지 원천을 찾아라. 침묵 에너지를 얻기 위해서 굳이 주유소까지 갈 필요는 없다. 언제라도 멈춰 서서 짧은 침묵으로 새 에너지를 채울 수 있다.

삶의 원활한 흐름을 느낀다

"만일 당신이 인간의 영혼을 들여다보고 싶으면, 웃으며 놀고 있는 사람을 보아라.
잘 웃고 잘 노는 사람이 가장 생기 있다."
_도스토예프스키

'원활한 흐름', 이 말은 시카고대학교의 심리학자인 미하이 칙센

트미하이|Mihaly Csikszentmihalyi가 만든 말로, 최적의 상황을 경험하거나 삶에 몰입하는 느낌을 지칭한다. 나는 이 흐름을, 우리를 둘러싼 에너지와 하나가 되는 경험이라고 말하고 싶다. 흐름은 우리가 현재 순간에 존재할 때 일어난다. 사랑하고, 의미 있는 일을 하고, 재미있는 일을 할 때 일어난다. 이 흐름은 즐겁게 놀 때, 중대한 목표를 향해 돌진할 때, 운동에 몰두할 때, 명상할 때, 친구들과 어울려 즐거운 시간을 보낼 때, 바닷가를 걸을 때 일어난다. 이 순간에는 골치 아픈 문제, 걱정거리, 해결해야 할 과제에 대해 생각하지 않는다. 그냥 존재하는 순간이다. 이렇게 흐름이 원활할 때 에너지도 변한다. 더 가벼워지고 더 탄력 있어지며 더 자유로워진다.

인간은 에너지적 존재이기에 에너지가 바뀌면 인간도 바뀐다. 원활한 흐름이 얼마나 유익한가를 체험하기 위해서는 마음속에 긍정적 에너지를 가져야 한다. 에너지 플랜을 통해서 삶에 몰입하고 그 흐름을 직접 느껴야 한다. 그때 당신은 더 많이 웃으며 침묵의 순간도 더 많이 경험한다. 현재의 순간과 인생 자체가 하나로 융합한다. 삶에 맞서 싸우는 것이 아니라 삶의 흐름을 타고 함께 흘러간다.

영혼의 힘이 커지고 기적이 이루어진다

행복과 마찬가지로 '영혼의 힘' 역시 저절로 생기지 않는다. 영혼의 힘은 생각과 말, 신념을 통해 서서히 만들어진다. 아인슈타인은 "삶을 사는 데는 단 두 가지 방법이 있다. 하나는 그 어느 것도 기적이 아닌 것처럼 사는 것이고, 다른 하나는 모든 것을 기적처럼 여기며 사는 것이다."라고 말했다. 모든 것을 기적이라고 믿기 시작하면 일상에서 일어나는 작은 기적을 하루에도 여러 차례 경험할 수 있다. 마치 안경을 새로 맞춘 것처럼 세상은 달라 보인다. 우리는 새로 태어난 아기의 생명에서 기적을 볼 수 있으며 따뜻한 포옹에서 사랑의 기적을 느낄 수 있다.

마음의 기적을 개발할 때 사과씨만큼 작은 것에서도 위대한 기적을 발견할 수 있다. 사과씨 한 알이 한 그루의 사과나무가 되며, 한 그루의 사과나무는 수없이 많은 사과를 맺기 때문이다. 나아가 그 사과 속의 씨들은 더 많은 사과나무를 만들어낸다. 보잘 것 없는 사과씨에서 무수히 늘어선 사과나무들을 볼 때 기적은 일어난다.

작은 사과씨 안에서 발견하는 풍요로움은 우리의 마음을 바꾸고 주위의 모든 것에 영향을 끼친다. 그러니 기적을 잉태하는 씨를 심어라. 이 씨는 상상한 만큼 새로운 세상을 만든다. 기적의 사고방식을 가질 때 모든 것이 기적임을 믿게 되며 하루하루 평범한 삶 가운데 기적이 일어난다. 기적을 찾고 기적이 일어나기를 기다리지만 기적에 구속되지는 않는다.

롤러코스터를 타는 두 사람을 생각해 보자. 한 명은 두려움에 질리고 다른 한 명은 웃으며 즐거운 시간을 보내고 있다. 그들이 내렸을 때, 한 명은 지친 반면에 다른 한 명은 활력이 넘친다. 서로 다른 시각을 가진 두 사람은 완전히 다른 경험을 한 것이다. 이처럼 우리가 보고 경험하는 세상은 세상을 관찰하는 렌즈에 따라 정의된다. 그러므로 기적을 생각하고 그것을 위해 일할 때 에너지의 기적이 일어난다.

나는 하루 10분 플랜에서, 영적인 힘을 키우는 데 도움이 되는 기적의 사고방식을 소개한다. 난관에 부딪혔을 때, 영적인 힘이 있으면 평범한 사고방식을 기적의 사고방식으로 바꿀 수 있다. 문제를 문제로 끝내는 것이 아니라 교훈을 배우게 된다. 그러므로 위기를 보는 대신 기회를 보라. 고통은 성장의 한 부분이며, 장애는 더 나은 자기 자신으로 가는 길이다.

마음과 몸, 생각과 행동이 일치한다

에너지 용어에서 '일치'란 무엇을 의미할까? 일치는 심장의 전자

기장이 정신적, 신체적, 감정적으로 에너지에 어떻게 영향을 주는가
와 관련이 있다. 이에 관한 최근 연구에서 다음 사실이 밝혀졌다.

1 심장의 전자기장은 뇌보다 5천 배 이상 강하다.

2 심장은 기계적인 혈액 펌프 이상이다. 즉, 심장은 신체에서 감
  정적인 지휘자의 역할을 하는 다이내믹하고 지적인 기관으로,
  어떻게 생각하고 느끼는가에 영향을 준다.

3 사람의 감정상태를 나타내는 전자기파는 심장의 전자기장을
  경유하여 몸 전체와 소통한다.

4 분노, 질투, 좌절과 같은 부정적인 감정은 심장 리듬의 불규칙
  적이고 무질서하고 일관성 없는 패턴과 결합한다.

5 사랑, 동정, 감사와 같은 긍정적인 감정은 심장의 리듬을 부드
  럽고 질서 있고 일관된 패턴으로 바꾼다.

6 일치는 심장이 온몸의 세포들에게 발산하는 유기적인 전자기
  장을 이끌어낸다.

그렇다면 이 모든 것은 우리에게 어떤 의미가 있는가? 간단히 말
하면, 감정이 심장과 신체와 뇌의 상호작용에 영향을 끼친다는 사실
이다. 심장은 오케스트라의 지휘자이고, 우리 몸의 각 세포는 악기라
고 상상해 보라. 지휘자가 행복하고 긍정적인 감정으로 지휘를 할 때
악기들은 조화를 이루고 아름다운 음악을 만들어낸다. 반면에 지휘

자가 화가 났거나 기분이 언짢은 상태로 지휘를 하면 소통은 형편없어지고 끔찍한 음악이 나온다.

심장은 지휘자의 역할을 한다. 심장이 기분 좋으면 당신도 기분이 좋다. 몸이 조화로운 상태인 것이다. 세포들의 소통이 좋아지고 흐름이 원활해진다. 스트레스는 줄어들고 건강은 좋아지며 직관적 통찰력이 생기고 정신이 명료해진다.

하루 10분 플랜의 목표는 일치를 이루고, 심장의 전자기장이 지닌 힘과 기능을 향상시키도록 도와주는 것이다. 이 플랜을 통해 당신은 정신, 신체, 감정에서 최상의 상태가 된다. 신체의 모든 세포와 의식에 사랑, 신뢰, 풍요로움, 즐거움, 동정을 발산하는 진심 어린 감정을 만들 수 있다. 그리하여 인생에 대하여 생각하는 방법과 자신에 대해 느끼는 방법, 세상을 향해 투사하는 에너지가 향상된다.

‘에너지 플랜’을 실행에 옮겨라

— 1일 10분 에너지 스쿨 오리엔테이션

여기 소개하는 10분 에너지 플랜은 결코 신속하게 효과가 나타나는 프로그램이 아니다. 언뜻 들으면 이 10분 에너지 해결법이 다이어트 광고처럼 들릴 수도 있다. 그러나 여기에는 꿈을 단번에 이뤄주는 마술 알약이나 특별한 장치가 없다는 것을 명심하기 바란다. 이 프로그램의 목표는 삶에 긍정적 영향을 주어 생활방식을 서서히 변화시키려는 것이지 순식간에 효과를 내려는 것이 아니다. 사실 나는 이 프로그램이야말로 오늘날 만연한 '빨리빨리' 문화에 필요한 '안티-빨리빨리' 프로그램이라고 믿는다.

에너지 프로그램은 까다롭지도, 생활의 모든 부분을 차지하지도 않는다. 이것이 하루 10분 플랜의 미덕이다. 현대인은 누구나 도움을 원하지만, 너무 복잡하고 헷갈리고 길면 꾸준히 실천하기 어렵다. 그런 이유로 요즘에는 목표를 빨리 이루어준다는 프로그램이 난무한다. 그러나 나는 이러한 세태에 반기를 들며, 작고 단순하고 크게 힘들지 않은 일을 반복함으로써 강력하고도 효과적인 결과를 낳을 수 있는 해법을 제안한다.

하루 10분으로 정말 변화할 수 있을까?

　인생은 작은 것으로 이루어져 있다. 그것은 나의 핵심 철학이며, 실제로 수천 명에게 뚜렷한 결과를 안겨주기도 했다. 내가 제시하는 방법이 너무 쉽고 단순하기 때문에 가끔 "당신 이야기는 별로 새로울 게 없어요."라고 말하는 사람도 있다. 또 어떤 사람들은 이렇게 쉬운 하루 10분 프로그램을 왜 더 많은 사람들이 실천하지 않는지 의아해한다.

　사람들은 무엇을 해야 하는지 정확히 알고 있다. 다만 하지 않을 뿐이다. 너무 바빠서 그 기본적인 일을 생략한다. 그러면서도 기적의 해결방법을 찾으려 한다. 그때 누군가가 "자, 이렇게 하면 됩니다."라고 해결방법을 알려주면 그제서야 그 방법은 자신도 이미 알고 있다는 사실을 깨닫는다. 그리하여 그 작은 일을 실천하기 시작하고 목표로 한 걸음 다가간다. 성취를 이룬 사람은 작은 것의 소중함을 깨닫고 열심히 실천하는 반면, "그 방법은 나도 알고 있어. 그 방법으로는 해결이 안 돼."라면서 실천하지 않는 사람은 목표에 다가가지 못한다. 믿는 사람만이 놀라운 결과, 즉 행복, 에너지, 만족을 얻을 수 있다.

에너지 플랜은 어떻게 실천하는가

30일 동안 하루에 10분

1 30일 동안 나는 당신과 함께 날마다 10분 습관 훈련을 할 것이다. 나는 이 훈련의 목적과 방법을 설명할 것이다.

2 매주, 특별한 주제에 초점을 맞춰 10분 훈련을 하라.

3 잠자리에 들기 전에 그날의 훈련을 복습하라.

4 10분 훈련을 달력, 계획표, PDA, 다이어리 등 하루 일정표에 넣어라.

5 하루의 마지막 무렵에 10분 훈련을 점검하라.

6 10분 훈련은 행동을 지도하고 결과를 만들어준다. 운동선수가 끊임없이 훈련하는 것처럼 정신적, 감정적, 영적인 힘을 키우기 위해 노력하라.

11분째의 기적

영적인 힘을 키우고자 하는 사람들을 위해, 날마다 10분 동안 에너지 플랜을 실천한 다음에 1분 동안 기도하는 과정을 마련해 놓았다. 나는 이것을 '11분째의 기적'이라고 부른다. 그 이유는 하루에 1분만 더 투자하면 더 많은 기적을 창조할 수 있기 때문이다.

영적인 마음은 건강과 행복을 연결해 준다. 『행복의 추구』의 저자 데이비드 메이어즈는 "종교적이고 영적인 사람은 그렇지 않은 사람보다 더 행복하고 위기를 더 잘 극복한다."고 말한다. 파라마한자 요가난다Paramahansa Yogananda는 "신은 모든 행복의 저장고다. 그리고 우리는 날마다 그를 만날 수 있다. 그러나 대부분의 사람은 불행을 추구하는 데 사로잡혀 있다."고 말한다.

이 11분째의 기적은 삶에서 추구하는 행복을 스스로 발견하도록 구성되었다. 만일 우리가 새로운 1분을 시작한다면 그 1분은 온 하루와 삶에 영향을 끼친다. 우리는 새로운 1분을 너무나 사랑하게 되어 긍정적인 에너지가 충만해진다. 아인슈타인은 "우리는 우리의 문제를, 그 문제를 만들 때와 똑같은 생각으로는 해결할 수 없다."고 말했다. 이 1분은 날마다 일어나는 투쟁과 도전에 대한 해결방법을 제시한다. 만일 삶에서 잘 해결되지 않는 문제가 있다면 새로운 접근방법이 필요하다. 10분 생각한 다음의 1분이 바로 이 접근방법이다.

10분 훈련 다음의 1분 훈련으로 우리는 많은 것을 이룰 수 있다. 목표를 이루기 위해서는 자신만의 기도가 있으면 크게 도움이 된다. 기도 대상은 각자 자신에게 맞게 선택하면 된다. 하느님도 좋고 부처님이나 알라신, 천지신명이거나 그 어떤 초자연적인 대상이어도 좋다. 자신만의 기도 방법이 있으면 자유롭게 활용하고, 혹시 더 좋은 기도를 원한다면 다음 세 기도를 참고하라.

성 프란체스코의 기도

주여, 저를 당신의 평화의 도구로 만드소서.

증오가 있는 곳에 사랑을,

상처가 있는 곳에 용서를,

의심이 있는 곳에 믿음을,

절망이 있는 곳에 희망을,

어둠이 있는 곳에 빛을,

그리고 슬픔이 있는 곳에 기쁨을 심게 하소서.

오, 성스러운 주인이시여,

제가 위로받기를 구하기보다 위로하게 하시고,

이해받기보다 이해하게 하시고,

사랑받기보다 사랑하게 하소서.

왜냐하면, 그것은 우리가 받는 것은 주는 가운데 있고

우리가 용서받는 것은 용서하는 가운데 있고

우리가 영생으로 태어나는 것은 죽음 가운데 있기 때문입니다.

평온의 기도

신은 나에게 내가 변화시킬 수 없는 것을 받아들일 평온,

내가 할 수 있는 것을 변화시킬 용기,

차이를 알 수 있는 현명함을 허락하신다.

레인홀드 니버Reinhold Niebuhr

내가 가게 할 때, 가게 하라

문이 열려 날아가고, 대문이 열리고, 태도가 변하고,

진로가 확실해지고, 길이 나타나고,

장애물이 없어지고, 산이 움직이고,

차들이 길을 내주고, 파란 불이 켜지고,

빨간 양탄자가 펼쳐지고, 풍요로움이 모여들고,

기회가 문을 두드리고, 인생이 흔들리고,

안녕이 충만하다.

내가 이것을 받아들이니

나는 얼마나 은혜로운가!

주디 파운세이 Judee Pouncey

그날그날 되돌아보라

이제 '나의 에너지 체크리스트'로 하루를 점검하라. 이 체크리스트는 필수적인 에너지 기초를 튼튼하게 만들어준다. 그날그날의 행동에 체크만 하면 된다.

아침을 먹었다.	☐
몸에 좋은 음식으로 소식했으며 에너지를 북돋는 간식을 먹었다.	☐
물을 충분히 마셨다.	☐
에너지를 회복할 만큼 충분히 쉬었으며 잠을 푹 잤다.	☐
운동을 했다.	☐
에너지를 높여주는 음악을 들었다.	☐
내게 에너지를 주는 사람들과 연락했다.	☐
스트레스를 받을 때, 에너지를 회복시키는 호흡법을 연습했다.	☐

● ●

중간점수 매기기

한 주가 끝날 때마다, 에너지 플랜을 얼마나 잘 실천했는지 평가할 종합 점수표를 제시한다. 이 점수표를 활용하면 어디에서 어떻게 출발해야 하는지 알 수 있다. 물론 이 점수표는 주관적이다. 왜냐하면 가장 중요한 것은 자신의 삶에 대해 스스로 어떻게 느끼는가이기 때문이다. 이 점수표는 에너지 기초 쌓기와 활용에 큰 도움이 된다. 우선 다음 점수표에 점수를 매겨 출발점을 설정하라.

긍정적 에너지-부정적 에너지 척도

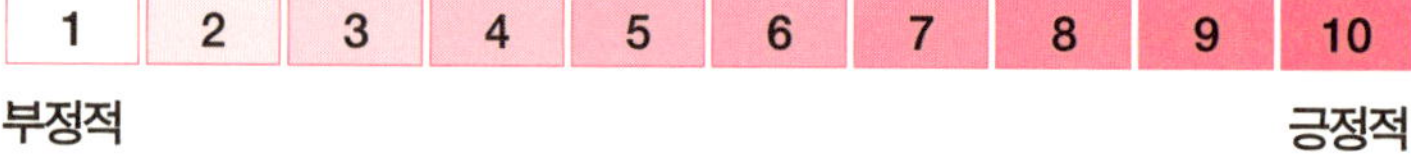

1-반이 비어 있는 술잔을 보면서 술이 반밖에 남지 않았다고 생각한다. 사람들은 나를 부정적인 사람이라고 생각한다.

10-나는 사람들과 인생 자체로부터 긍정적인 활력을 얻는 낙천적인 사람이다. 사람들은 늘 나의 긍정적인 에너지에 대해 말한다.

슬픔-행복 척도

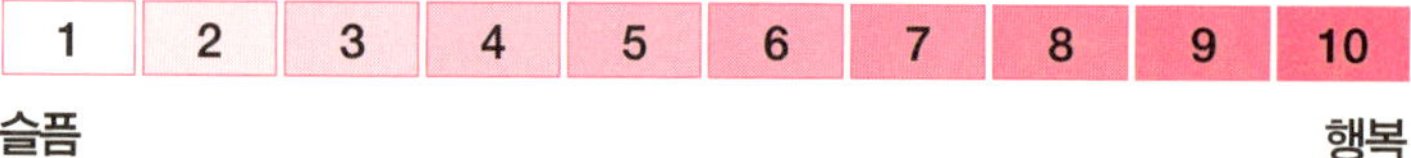

1-비참하고, 불행하고, 우울하고, 슬프다. 또 자주 희망이 없다고 느낀다.

10-나는 행복하다. 나는 내 인생에 만족하며 이 세상에서 내가 가장 행복한 사람이라고 느낀다.

스트레스 척도

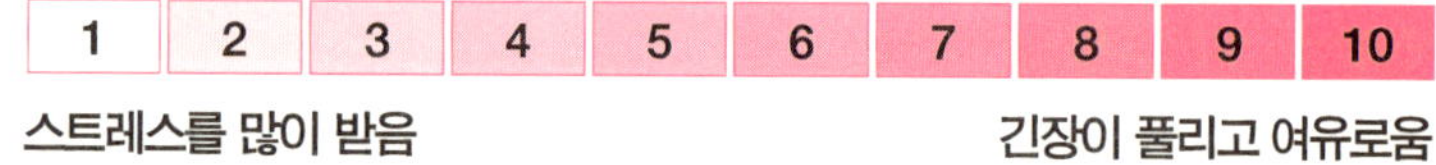

1-나는 기가 꺾여 있고 스트레스를 받으면 어느 순간에라도 실패할 수 있다.

10-나는 나쁜 상황에서도 평온을 유지한다. 모든 것이 잘되리라고 믿는다.

집중도 척도

1	2	3	4	5	6	7	8	9	10

산만   집중

1-나는 정신이 산만하고 혼돈스러워 한 가지 일에도 제대로 집중할 수 없다.

10-나는 레이저처럼 한 번에 한 가지 일에 집중한다. 나의 에너지는 집약적이고 힘이 있다.

두려움-신뢰 척도

1	2	3	4	5	6	7	8	9	10

두려움   신뢰

1-나는 늘 걱정이 있고 불안하다. 나는 두려움에 사로잡혀 있다.

10-나는 성장의 길목에 도전이 기다리고 있다고 생각한다. 그러나 어떤 도전이라도 극복할 자신이 있다.

전체적인 에너지 척도

1	2	3	4	5	6	7	8	9	10

낮음   높음

1-나는 침대에서 일어날 수조차 없다. 나는 탈진되었으며 에너지 미터기는 0을 가리킨다.

10-나는 에너지로 충만하다. 나의 에너지 미터기는 가득 차 있다.

성공에는 동반자가 필요하다

에너지 코치로서 나는 변화가 어렵다는 것을 늘 깨닫는다. 10분 에너지 플랜을 아주 쉽게 시작하는 사람도 꾸준히 실천하기가 쉽지 않다. 새로운 습관은 종종 어색하고 불편하기 때문에 많은 사람들이 이 플랜에 실패한다.

새로운 습관을 들이는 데는 시간이 필요하다. 그리고 이 습관이 지속적인 성과를 내기 위해서는 생활 속에 자리 잡아야 한다. 새로운 습관은 자신의 한 부분이 되어야 한다. 그러나 불행하게도, 새로운 습관을 시도하고 새로운 행동을 할 때마다 수많은 장애물들이 나타난다. 이 장애물들은 하루를 건너뛰게 하고, 실패했다고 느끼게 하고, 스스로를 의심하게 한다.

물론 이 장애물을 극복해야만 삶을 행복하게 하는 변화를 가져올 수 있다. 장애물을 극복하기 위해서는 변화를 이끌어주는 도구가 필요하다. 그래서 장애에 부딪혀 좌절하지 않도록 플랜을 시작하기 전에 성공을 위한 몇 가지 도구를 소개한다.

1. 팀을 만들어라

혼자서 플랜을 지속하기 어렵다면 함께 할 친구, 동료, 가족을 찾아라. 책임감 있는 파트너가 되어 플랜을 지속할 수 있도록 서로를 도와라. 우리는 살면서 많은 팀워크를 접한다. 스포츠 팀, 회사의 태

스크 포스, 경찰 등은 팀의 성과를 잘 보여준다. 당신이 어떤 팀에 속해 있다면 플랜을 더욱 쉽게 실천해 나갈 수 있다.

2. 코치나 카운슬러를 찾아라

최고의 운동선수일지라도 코치가 필요하다. 우리 모두는 집중하고 훈련하는 데 도움이 필요하다. 혼자서도 할 수 있지만 코치가 있으면 더 잘할 수 있다. 코치나 멘토의 도움을 받는 것을 부끄러워하지 마라. 진공상태에서는 결코 성공이 창조되지 않는다. 성공은 사랑, 지지 그리고 다른 사람의 도움으로 만들어진다. 코치는 우리를 포용해 주고, 옳은 방향으로 이끌어준다.

코치의 힘은 내가 NBC 투데이쇼에 출연하는 동안 확실한 성과를 보였다. 그 프로그램에서 나는 30일 동안 에너지를 증가시키도록 여성 세 명을 코치했다. 세 여성이 극적인 성과를 이룬 이유 가운데 하나는 내가 그들에게 전화로 날마다 코칭했기 때문이다. 에너지는 전염되기 때문에 나의 에너지가 그들의 행동을 이끌었다. 그러므로 플랜을 혼자 지속할 자신이 없으면 코치를 찾아 도움을 받아라.

3. 하루나 이틀을 소홀히 생각하지 마라

갑자기 예상치 못한 일이 생겨 하루나 이틀을 건너뛰게 되었을 때 '겨우 하루인데, 겨우 이틀인데'라고 생각하지 마라. 하루나 이틀이 에너지 플랜 전체를 망가뜨릴 수 있다. 또한 하루를 건너뛴다고 해서 '난 실패야'라고 생각해서도 안 된다. 하루를 쉬게 될 때 그 하루를 포기라 생각하지 말고 휴식의 시간으로 이용하라. 우리 모두는 하루하루를 바쁘게 살고 있으며, 할 수 있는 한 최선을 다하고 있다. 그러므로 긍정적인 마음으로 휴식을 즐겨라. 그러나 명심해야 할 것은 하루나 이틀이 에너지 플랜 전체를 망칠 수도 있다는 사실이다.

긍정적인 행동을 더하라

— 1일 10분, 30일 에너지 플랜 1주

● ●

　이제 에너지 플랜을 실행에 옮길 준비가 되었다. 매주 특별한 주제에 초점을 맞춰 날마다 10분씩 에너지 습관을 익혀나갈 것이다.

　우리는 자유의지를 가지고 있기 때문에 삶을 변화시킬 행동을 취할 수 있다. 일생 동안 마치 전쟁터에서 싸움하듯 살지 않고, 물 흐르듯이 자연스럽게 살 수 있다. 포기하고 뒤로 물러나지 않고 적극적으로 꿈을 펼쳐나갈 수 있다. 스트레스를 줄이기 위해 굳이 시골로 이사 가서 농사를 지을 필요가 없다. 긴장을 풀기 위해 바닷가를 찾을 필요도 없다. 지금 당장 여기서 시작할 수 있다.

　생활을 개선하기로 결심하지 않고서는 아무것도 바뀌지 않는다. 인생은 외부 요인으로 쉽게 바뀌지 않는다. 외부 세계는 사실 내적 세계를 반영하는 것이다. 인생은 내면의 것이 밖으로 표출되는 것이다. 그래서 우리에게는 변화가 필요하다. 간디가 말했듯이, 이 세상에서 보기를 원하는 그런 변화가 일어나야 한다. 습관적인 행동—한 번의 생각, 한 번의 말, 한 번의 선택, 한 번의 행동—을 일으키는 것은 당신의 의지이며, 그것이 당신의 인생을 만든다. 그 일은 어렵지 않다. 멋진 일이 일어나도록 하는 데 필요한 시간은 하루 딱 10분이면 충분하다.

감사의 산책으로
하루를 시작하라

"행복이란 거의 일어날 것 같지 않은 행운에 의해서가 아니라
날마다 일어나는 작은 일에 의해 만들어진다."
_ 벤자민 프랭클린

이 방법은 단순하지만 힘이 있다. 그리고 30일 동안 에너지, 행복, 풍요로움을 확장시키기에 아주 훌륭한 방법이다. 지루하게만 여겼던 걷기가 이제부터는 재미있고 신선하고 의미 있다는 사실을 깨달을 것이다. 감사의 산책을 시작하면 소유하지 못한 것에 대해 애석해하는 대신, 그동안 받은 인생의 선물에 감사하게 된다.

감사한 마음을 갖는 동시에 스트레스를 받는 것은 불가능하다. 감사함으로 충만하면 두려움은 사라지게 마련이다. 또 마음과 몸을 짓누르는 스트레스도 끝난다. 그러면서 행복과 건강을 되찾게 된다. 수많은 연구가 감사하는 사람들이 낙천적인 성향이 있음을 증명해왔다. 캘리포니아주립대학교 심리학과 교수 로버트 에몬즈Robert Emmons에 따르면, 감사하는 마음은 사람의 면역기능을 강화시키고 심장을 건강하게 해준다.

그러므로 감사하기와 산책하기를 결합하면 감사에서 얻는 은혜가 배가된다. 걷기는 강력한 정신적, 신체적 활력소다. 걸으면 엔도르핀이 나오고, 뇌에서는 세로토닌과 도파민과 같은 행복 신경전달물질이 분비된다. 그래서 감사의 산책은 에너지를 공격하는 스트레스를 감소시키고 에너지를 증가시키는 호르몬, 신경전달물질, 긍정적 감정을 만든다.

하루 10분 '감사의 산책' 스케줄을 잡아라 오늘 어느 시간에 감사의 산책을 할 것인지 정하라. 그 시간을 하루 스케줄로 만든 다음 수첩에 적어넣어라.

에너지 습관을 위한 실천

- 일기에 무엇에 대해 감사하는지 기록하라. 가족, 아이들, 정원, 일할 수 있는 직장, 건강, 걸을 수 있는 두 다리, 들을 수 있는 귀 등등 감사할 대상은 아주 많다.

- 걷기에 좋은 장소를 찾아라.

- 걷기를 시작하기 전에 마음을 가다듬어라.

- 가볍게 걷기 시작하면서 감사하게 생각하는 것을 떠올려라. 그리고 그것을 말로 표현하라. 예를 들어 "내가 책을 읽을 수 있어 감사합니다. 책을 통해 새로운 정보를 알게 되어 감사합니다."라고 말하라.

- 걷는 동안 다른 생각이 떠오르면, 굳이 그 생각을 떨쳐내려고 애쓰지 마라. 그냥 모든 생각을 자연스럽게 느끼고 그 생각들이 흘러 들어왔다가

흘러 나가게 하라.

- 걷기를 마친 뒤에는 스트레칭을 하라. 어떻게 느꼈는가를 머릿속에 새겨 놓아라.
- 감사의 산책을 마친 다음 어떤 기분이 들었는지 기록하라.

때로는 어쩔 수 없이 산책을 할 수 없는 날이 있다. 그럴 때에는 간단하게 요가를 하거나 스트레칭을 하거나 실내를 거닐면 된다. 이때에도 감사의 대상에게 감사의 표현을 하라.

11분째의 기적

저는 에너지 플랜이, 사람들을 주위의 작은 기적을 발견하는 샘으로 만들어달라고 기도합니다. 기적, 사랑, 풍요, 즐거움, 행복이 저를 통하여 흘러가게 하소서. 저를 당신의 평화와 사랑의 도구로 만드소서. 제 안에 숨겨진 단순하지만 놀라운 보석을 볼 수 있도록 인도하소서. 그리고 제가 모든 기적을 창조할 수 있게끔 인도해 주소서. 저는 주위의 모든 기적들을 경험할 준비가 되어 있습니다. 저는 기적을 위해 기도합니다. 정해진 때가 왔을 때 저는 준비가 되어 있을 것입니다.

나의 에너지 체크리스트 ✓

아침을 먹었다.　　　　　　　　　　　　　　　　　　　☐

몸에 좋은 음식으로 소식했으며 에너지를 북돋는 간식을 먹었다.　☐

물을 충분히 마셨다.　　　　　　　　　　　　　　　　　☐

에너지를 회복할 만큼 충분히 쉬었으며 잠을 푹 잤다.　　　☐

운동을 했다.　　　　　　　　　　　　　　　　　　　　☐

에너지를 높여주는 음악을 들었다.　　　　　　　　　　　☐

내게 에너지를 주는 사람들과 연락했다.　　　　　　　　　☐

스트레스를 받을 때, 에너지를 회복시키는 호흡법을 연습했다.　☐

오늘, 한 가지 습관을 바꿔라

"먼저 우리가 습관을 만들면, 그다음에는 습관이 우리를 만든다!"

_ 롭 길버트

더 건강하게, 더 활력 있게 살려면 어떻게 해야 할까를 생각하다 보면 좌절하기 쉽다. 우리는 종종 스스로에게 "무엇부터 시작해야 할까?"라고 묻는다. 과연 어떻게 시작해야 할까? 자, 여기 한 가지 기쁜 소식이 있다. 작은 변화로 정말로 큰 성과를 이루어낼 수 있다는 사실이다. 하룻밤에 인생 전체를 바꾸겠다는 생각은 버려라. 대신 한 가지 습관을 바꾸겠다고 결심하라. 오늘 하루 동안 한 가지 대안을 만들어내는 것이다. 하루에 한 가지 습관 바꾸기. 한 가지 습관을 바꾸었을 때 마음에 흡족했다면 내일 또 다시 실천하라.

나는 라디오 프로그램 〈에너지 미니트 The Energy Minute〉에서 짧은 시간에 실천할 수 있는 에너지 훈련방법을 들려주었다. 에너지 미니트는 여러 라디오 방송국을 통해 미국 전역에 방송되었다. 에너지 미니트의 목적은 큰 성과를 가져오는 작은 변화를 일으키는 데 도움이 되는 간단한 행동수칙을 사람들에게 가르쳐주는 것이다. 각 에너지 미니트는 에너지 증진에 도움이 되는 작은 습관들을 열거함으로써, 청취자들이 실천할 수 있도록 한다.

여기에 열 가지 에너지 미니트를 소개한다. 습관을 변화시키는 열 가지 행동수칙이다. 큰 변화를 위해 오늘 한 가지 습관을 선택하는 것이다. 작은 습관 한 가지만 바꾸어도 은혜로움을 경험할 수 있고, 인생 전체를 활기차게 바꿀 수 있다.

1 **커피 한 잔을 녹차로 바꾸어라.** 녹차는 건강에 이로울 뿐만 아니라 커피와 같은 각종 카페인 음료를 대체할 수 있는 훌륭한 식품이다(녹차는 항암물질인 항산화제를 함유하며, 심장질환 예방 효과가 있다). 녹차는 대략 20밀리그램에서 40밀리그램의 카페인을 함유하고 있는데, 이는 커피의 4분의 1 정도 분량이다. 커피와 마찬가지로 녹차도 아침에는 하루를 시작하는 에너지를 주고, 오후에는 나른함에서 깨어날 수 있는 에너지를 준다. 그러면서도 녹차는 커피나 다른 카페인 음료처럼 몸에 자극적이지 않다. 녹차의 효과는 아주 뛰어나 에너지 각성제라기보다는 에너지 촉진제처럼 느껴진다. 카페인이 잘 맞지 않는다고 느껴지면, 카페인을 제거한 녹차를 마셔라. 단, 디카페인 녹차를 구입할 때에는 화학물질 대신 물을 사용해서 카페인을 없앤 제품을 구입하라.

2 **탄산음료 대신 물을 마셔라.** 이 방법을 택하면 에너지가 극적으로 증진된다. 앞에서도 말했듯이 물은 몸에 활기를 주고 머

리를 맑게 하는 데 꼭 필요한 연료다.

3 텔레비전을 보는 대신 책을 읽어라. 텔레비전은 수동적이고 소모적인 반면에 책에는 에너지가 살아 있다. 독서는 상상하는 것보다 훨씬 더 극적인 삶의 연료다.

4 사탕 바구니를 없애고 과일 바구니를 만들어라. 배가 고프면 무엇이든 집히는 대로 먹게 마련이다. 이때 현명한 선택을 하기 쉬운 상황을 만들어두어라. 과일은 자연에서 구할 수 있는 에너지 넘치는 사탕이다.

5 엘리베이터 대신 계단을 이용하라. 엘리베이터 앞에 서 있거나 의자에 앉아 있는 대신 걸어라. 신진대사와 에너지 증진에 도움이 된다.

6 감자칩이나 사탕 대신 견과류와 건포도를 먹어라. 간식을 먹을 때 가공식품 대신 에너지를 제대로 채워줄 수 있는 자연식품 스낵을 먹어라.

7 자명종 시계를 쓰지 말고 수탉을 키워라. 나는 이 아이디어를 뉴욕의 한 여성이 기르는 수탉이 아침마다 이웃을 깨워버린다는 이야기를 읽고 생각해 냈다. 하지만 정말 수탉을 기를 수야 없을 테니 대신 커튼을 열고 잠을 자라. 그러면 아침 햇살에 저절로 잠이 깬다. 햇빛을 수탉으로 삼아라. 만일 에너지 플랜을 시작하는 시점이 겨울이라서 아침에 빛이 부족하다면, 자명종으로 일어나라. 그러나 자명종을 눌러 *끄고는* 빈둥거리다가 일어나지 마라. 종이 울리자마자 불을 켜고 벌떡 일어나라.

8 책상이나 차를 지저분한 채 두지 말고 말끔히 치워라. 일단 치우고 나면 기분이 얼마나 상쾌해지는지 스스로도 놀랄 것이다. 고여 있는 에너지를 치워버리면 새로운 에너지가 더 많이 흘러 들어온다.

9 말하기보다는 들어라. 주장을 관철하려고 많은 에너지를 소비하기보다는, 다른 사람에게 질문을 많이 하고 그가 많이 말하게 하라. 말은 줄이고 다른 사람의 말을 많이 들으면 활력이 생긴다. 나아가 사람들은 당신 주변에 있고 싶어한다.

10 앞으로 구부리지 말고 곧게 서라. 허리를 쭉 펴고 자세를 올바르게 하는 것만으로도 기분이 훨씬 좋아지고 에너지도 생긴다. 거기에다 산소 흡입율도 최대 30퍼센트까지 높아진다.

에너지 습관을 위한 실천

● 위의 열 가지에서 한 가지 습관을 선택하라. 그리고 오늘 한 가지 변화를 만들어라. 가장 관심이 가는 항목이 실천하기 좋은 항목이다.

● 수첩에 오늘 어떤 습관을 바꾸려고 했는지 기록하라.

● 에너지와 관심을 최대한 기울여서 오늘 바꾼 습관을 자신의 것으로 만들어라.

● 하루를 마무리하면서 느낀 점을 기록하라.

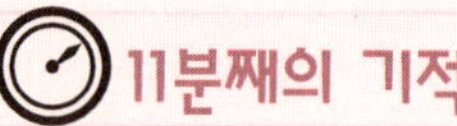

11분째의 기적

저의 삶에 긍정적인 변화를 만들 강인함과 힘을 주소서. 자연과 더불어 제가 위대한 일을 실천할 수 있도록 힘을 주소서. 저는 위대한 성과를 가져올 작은 행동을 할 수 있습니다. 오늘 저는 어떠한 행동도 무의미하지 않다는 것을 깨달았습니다. 매번의 단계는 발자국을 남깁니다. 그리고 매번의 행동은 성과를 냅니다. 오늘 저는 좋은 습관 만들기를 시작했습니다. 그리고 시간이 가면서 저는 이 습관들이 저의 새로운 삶을 창조하도록 노력할 것입니다.

나의 에너지 체크리스트 ✔

아침을 먹었다.	☐
몸에 좋은 음식으로 소식했으며 에너지를 북돋는 간식을 먹었다.	☐
물을 충분히 마셨다.	☐
에너지를 회복할 만큼 충분히 쉬었으며 잠을 푹 잤다.	☐
운동을 했다.	☐
에너지를 높여주는 음악을 들었다.	☐
내게 에너지를 주는 사람들과 연락했다.	☐
스트레스를 받을 때, 에너지를 회복시키는 호흡법을 연습했다.	☐

아침에 세 가지를 하라

몸에 근육이 생기면 느낌과 생각, 행동이 개선된다. 건강하고 에너지 넘치는 나를 만드는 데 신체 근육은 핵심 요소다. 하루에 근육 1킬로그램은 약 50칼로리를 연소시키는 반면 지방 1킬로그램은 약 2~3칼로리를 연소시킨다.

웨이트 트레이닝 역시 신진대사를 활발하게 한다. 『스포츠 의학과 스포츠 과학*Medicine & Science in Sports & Exercise*』에 따르면, 여성이 역도를 할 때, 운동이 끝난 다음에도 신진대사가 2시간 이상 평소보다 더 활발하게 유지되었고, 100칼로리 이상을 연소하는 것으로 나왔다. 그러므로 다음 세 가지 간단한 운동을 통해서 근육을 만들면 운동 뒤에, 심지어 운동을 하지 않을 때조차 칼로리를 연소시킬 수 있다. 나아가 체중 조절에도 효과가 있으며 에너지와 건강 증진에 도움이 된다. 이 운동의 최고 장점은 시간이 단 10분밖에 걸리지 않는다는 점이다.

이 운동을 하는 동안 주문을 외워라. "나는 날마다 모든 면에서 더 강해지고 더 좋아진다."

힘들 때까지 세 가지 운동을 번갈아 계속하라. '의자에 웅크리기'를 30회까지는 할 수 있어야 한다. 근육을 충분히 사용했다고 느껴질 때까지 계속하라.

의자에 웅크리기(다리, 오금, 넓적다리 운동)

뒤에 의자를 두고 발을 어깨 넓이로 벌린 자세로 선다(1). 등을 곧게 펴고 턱을 올린 채 뒤에 있는 의자에 앉을 것처럼 다리를 구부리고 엉덩이를 뒤로 뺀다(2). 엉덩이가 의자를 건드릴 만하면 다시 시작 자세로 돌아간다. 너무 앞으로 기울이지 않도록 주의하라. 무릎에 무리를 줄 수 있다. 넓적다리가 바닥과 평행을 이루도록 한다. 넓적다리, 엉덩이 끝, 오금에서 운동이 되는 것을 느껴라. 이 운동을 30번 정도 반복하라. 이 운동은 다리와 엉덩이의 모양을 멋지게 할 수

(1)   (2)

있는 최고의 운동 가운데 하나다.

팔굽혀펴기(가슴, 등, 팔 운동)

배를 바닥에 대고 눕는다. 그리고 팔과 다리를 편다. 손가락을 앞으로 하고 어깨 아래의 바닥 위에 손을 놓는다(3). 몸의 균형을 손과 발끝으로 잡는다. 그런 다음 팔꿈치를 구부리고 가슴이 거의 바닥에 닿을 때까지 몸을 천천히 낮춘다(4). 몸을 천천히 들어올린다.

만약에 이런 방식으로 팔굽혀펴기를 할 수 없으면 무릎으로 몸을 지지해 가면서 한다. 또 벽에 대고 팔굽혀펴기를 해도 된다. 팔굽혀펴기를 너무 겁내지 마라. 조금씩 시작해서 차츰 근육의 힘을 키워가면 된다.

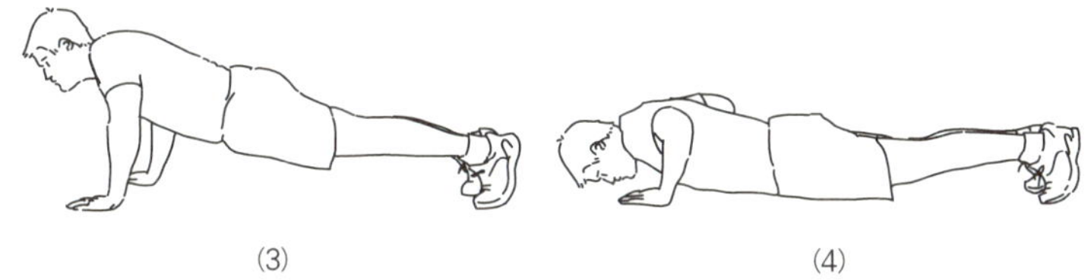

(3)   (4)

복부 운동

이 운동은 탄탄한 복근과 에너지를 얻는 데 꼭 필요하다. 바닥에 등을 대고 무릎을 구부리고 눕는다(5). 머리 뒤에 손을 놓는다(6). 등 아래쪽을 바닥에 댄다. 그리고 어깨가 바닥에 간신히 닿지 않을 정도로만 윗몸을 앞으로 구부린다. 윗몸을 구부릴 때 목을 곧게 하고 배 근육을 사용해야 한다. 목과 머리를 움직일수록 배 근육은 덜 사

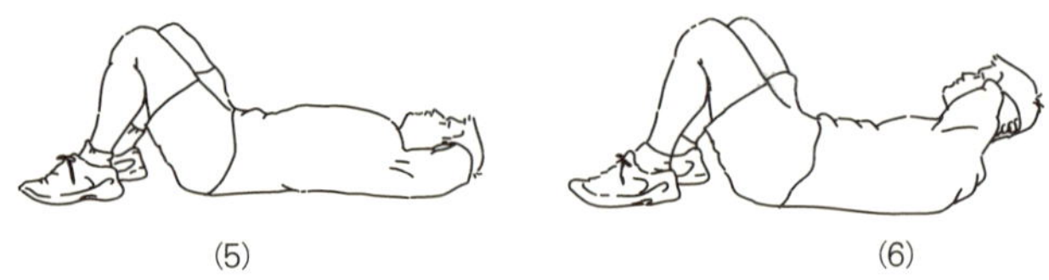

(5)   (6)

용하는 것이다. 100까지 세는 동안 배 근육을 죄고 있다가 천천히 어깨를 내려놓는다. 배가 타들어가는 느낌이 들 때까지 계속하라.

존 고든의 에너지 법칙

운동을 규칙적으로 하기 전에 먼저 의사와 상담하라. 특별한 사정이 생겨 이 운동을 할 수 없다면 대신 감사의 산책을 하라.

 **11분째의 기적**

제가 부정적인 에너지 대신 긍정적인 에너지를 선택할 수 있도록 도와주소서. 증오하지 않고 사랑하도록 이끄소서. 실패하지 않고 성공하도록 도와주소서. 부정적인 생각, 부정적인 자기 개념, 자기 의심을 털어버릴 수 있도록 기도합니다. 성공적인 삶을 창조할 수 있는 힘과 인내를 위해 기도합니다.

나의 에너지 체크리스트 ✔

아침을 먹었다. ☐

몸에 좋은 음식으로 소식했으며 에너지를 북돋는 간식을 먹었다. ☐

물을 충분히 마셨다. ☐

에너지를 회복할 만큼 충분히 쉬었으며 잠을 푹 잤다. ☐

운동을 했다. ☐

에너지를 높여주는 음악을 들었다. ☐

내게 에너지를 주는 사람들과 연락했다. ☐

스트레스를 받을 때, 에너지를 회복시키는 호흡법을 연습했다. ☐

에너지가 넘치게 호흡하라

에너지와 힘을 만드는 최고의 방법 가운데 하나는 숨쉬기를 제대로 하는 것이다. 아래에 소개한 운동을 통해 에너지를 재충전하고 조용한 에너지를 배양하라. 이 운동은 에너지를 고갈시키거나 분산시키지 않고 에너지를 모으는 데 도움이 된다.

이 10분 에너지 운동은 에너지를 만드는 호흡, 기공, 요가 스트레칭을 결합한 것이다. 요가와 기공에서 가장 효과적인 요소들을 결합하여 10분 운동을 만들었다. 누구든지 언제 어디서나 이 운동을 쉽게 할 수 있다.

에너지를 만드는 호흡법

먼저 손을 옆으로 내리고 똑바로 선다(7). 손바닥을 펴고 팔을 머리 위로 천천히 올리면서 3~4초 동안 숨을 들이쉰다. 팔을 계속 쭉 편 상태로 마치 누군가를 크게 포옹하려는 것처럼 천천히 엉덩이에서부터 올려라(8). 그런 다음 머리 위에서 손가락 끝을 붙인다(9).
팔을 아래로 내리는 동안에 3~4초 동안 숨을 내쉰다. 호흡과 신체
에 집중하는 몇 분 동안 위의 동작을 반복한다. 숨을 들이쉬는 동안
에는 평안함을 느끼고, 내쉬는 동안에는 스트레스를 푸는 모습을 상
상하라.

(7)   (8)   (9)

　　다음에 곧게 서서 배꼽 앞에 큰 자몽을 들고 있는 기분으로 팔과
손의 자세를 잡는다(10). 누군가에게 자몽을 건네주는 것처럼 앞으
로 팔을 곧게 뻗는다(11). 배
꼽 앞 원래 위치로 자몽을 되
가져오면서 숨을 들이쉰다.
이를 다시 반복한다. 몸에서
자몽을 멀리 보내면서 숨을
내쉬고, 자몽을 가져오면서
숨을 들이쉰다. 숨을 들이쉬

(10)   (11)

고 내쉬는 동안에 들고 있는 자몽이 에너지 공이라고 상상하라. 몇 분 동안 이 운동을 계속하라. 그러면 에너지가 모이는 것을 느낄 수 있다. 이제 팔을 다시 옆으로 펴고 스트레칭을 시작하라.

산(山) 자세

이 포즈는 좋은 자세의 기본이다. 양쪽 발에 고르게 체중을 싣는다. 발바닥 네 귀퉁이 모두에 압력을 주는 것을 잊지 마라. 두 무릎은 서로 닿아야 하고 팔은 옆구리에 긴장을 풀고 내려놓은 상태여야 한다. 꼬리뼈는 가볍게 안으로 감싸고, 어깨는 견갑골 쪽을 평평하게 하고 뒤로 구부려라. 시선은 앞을 향한다. 여섯을 셀 때까지 깊은 숨을 쉬면서 이 자세를 유지하라.

앞으로 굽히기

산 자세에서 마지막 깊은 숨을 들이쉬면서 하늘을 향해 두 팔을 가능한 한 높이 올려라(12). 등을 곧게 펴고 윗몸을 숙이되, 숨을 내쉬는 동안 윗몸을 허벅지를 향해서 앞으로 구부린다(13). 손끝이 바닥에 닿아도 상관없다. 그냥 손이 편안하게 닿는 곳까지 늘어뜨린다. 반동을 이용하지 마라. 몸의 긴장을 풀고 무겁게 늘어뜨

(12)　　　(13)

려라. 그 상태로 여섯을 세는 동안 숨을 멈춰라. 그런 다음 무릎의 긴장을 풀고 척추뼈를 하나씩 펴는 기분으로 원래 서 있던 자세로 돌아온다.

테이블 자세, 고양이와 소

손과 무릎을 바닥에 대고 부드럽게 자세를 잡는다. 이 자세를 취했을 때 무릎이 아프다 싶으면 매트를 두 겹으로 깔아라. 무릎을 엉덩이 바로 아래에 놓고 엉덩이를 벌린다. 손은 어깨 바로 밑에 있게 하고 어깨를 벌린다(14). 등을 곧게 펴고 머리와 척추가 일직선이 되도록 한다. 깊은 숨을 몇 번 쉰다. 숨을 내쉴 때, 손을 아래로 쭉 뻗고 견갑골을 넓게 펴고, 등은 하늘을 향해 동그랗게 하라(화난 고양이를 연상하면 된다). 꼬리뼈를 아래로 향하고 배는 척추 쪽으로 끌어당긴다. 턱을 목으로 누르고 머리를 아래로 떨어뜨린다(15). 그다음 숨을 들이마시면서 꼬리뼈와 머리를 올리고 등을 낮게 하여 휘게 한다. 어깨로 떨어지지 않도록 조심하고 가능한 한 팔을 곧게 편다. 얼굴을 하늘을 향해 들어올리되, 뒷목은 부드럽게 유지한다. 숨을 내쉴 때 몸을 구부리고, 들이마실 때 아래로 늘리면서 호흡을 조절하라. 이것

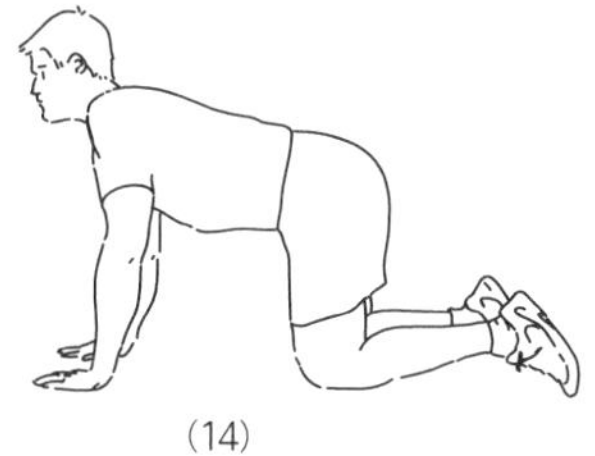

(14)

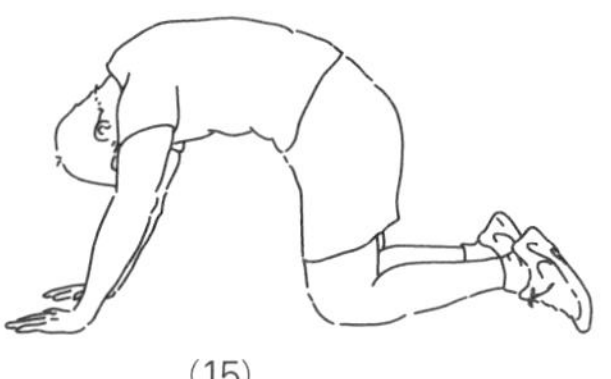

(15)

은 허리와 호흡에 정신을 집중하는 운동이다. 이 동작을 다섯 번 반복하라.

아래로 얼굴을 향한 개 포즈

테이블 자세에서 숨을 내쉴 때, 발을 아래로 향하고 몸이 거꾸로 쓴 V자가 되도록 엉덩이를 들어올린다. 손을 바닥에 평평하게 펴고 어깨는 등과 평평하게 한다. 손바닥을 확실히 누르면서 엉덩이뼈가 하늘을 향하게 들어올리고 넓적다리가 엉덩이를 향하게 편다. 가슴을 넓적다리 쪽으로 가져온다(16). 발꿈치를 바닥에 계속 붙이도록 노력하라. 무릎을 조금 구부려도 상관없다. 가장 중요한 것은 어깨를 평평히 하고 등을 곧은 선으로 유지하는 것이다. 머리를 떨어뜨리고 목에 힘을 빼라. 충분히 숨을 쉬면서 약 20초 동안 멈추어라. 이 자세는 피를 순환시키고 피로를 풀어준다.

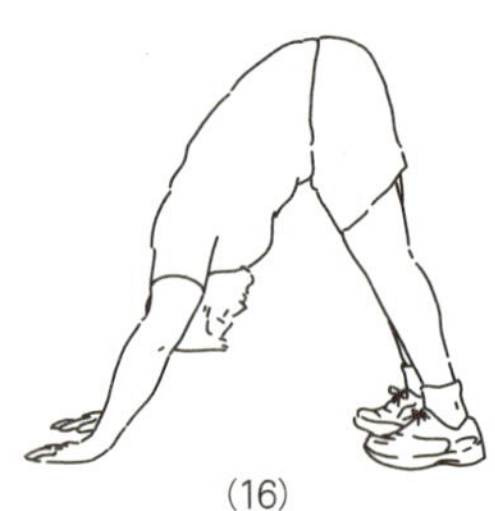

(16)

어린이 자세

숨을 내쉬면서, 테이블 자세로 돌아오면서 바닥까지 무릎을 천천히 내려놓는다. 배와 가슴이 허벅지에 놓이도록 하면서 부드럽게 손을 아래로 밀고 엉덩이를 발꿈치로 민다. 팔을 머리 위로 쭉 뻗거나 손바닥을 위로 하고 옆구리 쪽에 놓으면서 어깨가 바닥을 향하게 하고, 앞머리 역시 바닥에 닿게 하라(17). 숨을 들이쉴 때 배가 허벅지에 눌리면서 압박을 느낄 것이다. 이 자세는 내부의 장기를 마사지하는 효과가 있다. 바닥에 닿아 있는 앞머리에 집중하고 마음이 평안해지도록 하라. 편안함을 느낄 때까지 이 자세를 유지하라.

혹시라도 건강상의 이유로 요가 스트레칭을 할 수 없으면 간단히 10분 동안 에너지 호흡을 하라.

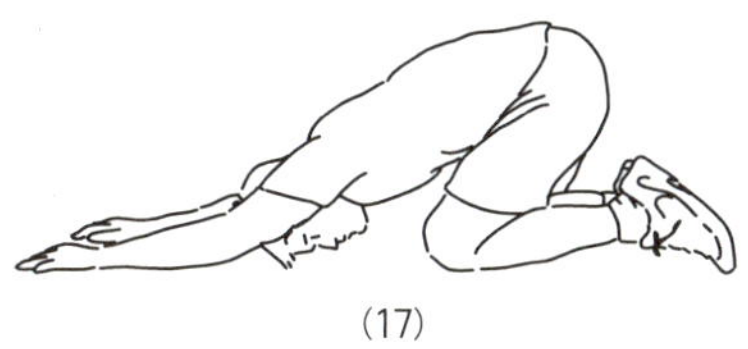

(17)

에너지 습관을 위한 실천

● 하루 10분 동안 이 운동을 교대로 하라.

● 이 운동을 마치고 난 뒤 느낀 점을 기록하라.

11분째의 기적

제가 쉬는 모든 숨과 제가 하는 모든 움직임으로 에너지를 창조하도록 도와주소서. 제가 조용한 에너지를 느끼도록 허락하소서. 제가 모든 것을 느끼도록 도와주소서. 저는 자연 안에서 평온합니다. 저는 언제나 평화를 찾으며 이 평화가 모든 사람과 함께하기를 기도합니다. 운동을 통해 나 자신을 강하게 만들고 에너지가 넘치는 호흡을 하게 이끄소서.

나의 에너지 체크리스트 ✓

아침을 먹었다. ☐

몸에 좋은 음식으로 소식했으며 에너지를 북돋는 간식을 먹었다. ☐

물을 충분히 마셨다. ☐

에너지를 회복할 만큼 충분히 쉬었으며 잠을 푹 잤다. ☐

운동을 했다. ☐

에너지를 높여주는 음악을 들었다. ☐

내게 에너지를 주는 사람들과 연락했다. ☐

스트레스를 받을 때, 에너지를 회복시키는 호흡법을 연습했다. ☐

미소와 웃음이
행복을 가져다 준다

"때로는 기쁜 일이 있어야 미소를 짓지만,
때로는 미소를 지음으로써 기쁨을 느낄 수 있다."
_ 틱 낫 한

행복은 미소와 웃음 바로 곁에 있다. 캘리포니아주립대학교 폴 에크먼Paul Ekman 교수의 연구에 따르면, 감정 표현은 세계 어느 곳에서나 비슷하다. 다시 말해 사람은 국경을 초월해서 같은 감정을 느끼고 비슷하게 표현한다. 그리고 이 감정은 어디에 사는가, 어떤 언어를 쓰는가에 상관없이 특별한 얼굴 표정을 만들어낸다.

『파괴적 감정』의 저자 대니얼 골먼에 따르면, 얼굴은 그 사람의 감정을 나타내는 거울이다. 나아가 얼굴을 변화시킴으로써 감정을 만들 수 있다. 즉, 우리는 어떤 표정을 지음으로써 마음을 변화시킬 수 있다. 예컨대 아주 우울한 상황에 처해도 즐거운 감정을 가지려고 노력하면 상황은 훨씬 개선된다.

그러므로 행복하고 싶으면 미소를 지어라. 골먼에 따르면 "그냥 미소만 띠어도 뇌는 행복을 느낄 때의 활동상태가 된다. 얼굴을 찌푸리는 것이 슬픔으로 이끄는 것과 마찬가지 이치다." 매사추세츠 주

클락대학교에서 학생을 두 그룹으로 나누어 실험을 했다. 한 그룹은 찌푸린 표정으로 만화를 보게 하고, 다른 한 그룹은 미소를 지으면서 만화를 보게 한 결과, 찌푸린 학생들은 만화를 보는 동안에도 화가 났으나 미소를 지은 학생들은 만화를 즐겁게 보았다고 한다. 그러므로 지금보다 더 행복해지려면 자주 미소 지어라. 누군가가 당신을 미소 짓게 만들고 웃게 만들기를 기다릴 필요가 없다. 스스로 먼저 웃으면 된다.

이를 실천한 노먼 커즌즈Norman Cousins의 이야기는 전설이 되었다. 커즌즈는 『웃음의 치유력Anatomy of an Illness』에서 자신이 1960년대에 치료방법이 없는 고통스러운 병을 진단받았던 상황에 대해 썼다. 그는 운명을 그대로 받아들이지 않고 스스로 실험 대상자가 되었다. 그는 자신의 몸을 긍정적인 감정으로 채우기로 결심했다. 그래서 그는 웃음을 자아내는 코미디 영화를 즐겨 보고 가족에게 유머책을 읽어 달라고 했다. 그는 10분 동안 진심에서 우러나와 유쾌하게 웃으면 두 시간 정도 고통 없이 잠자는 데 도움이 된다는 사실을 발견했다. 그리하여 그는 진통제와 수면제에서 해방되었다. 커즌즈는 자기 자신을 웃게 만듦으로써 건강을 되찾은 것이다.

웃으면 엔도르핀이 나오고, 고통을 완화하고, 면역체계가 개선되고, 혈액순환이 잘되고, 스트레스가 줄어든다. 커즌즈가 말했듯이 웃음이란 "밖에 나갈 수 없을 때 마음속으로 조깅하는 훌륭한 방법"이다. 행복과 건강은 미소와 웃음 옆에 나란히 있다는 것을 잊지 마라. 누구라도 행복하면 웃고 미소 지을 것이다. 그러나 행복해지기 위해서는 먼저 즐겁게 웃어라.

하루 10분 '미소와 웃음' 스케줄을 잡아라 오늘 어느 시간에 웃음 훈련을 할지 정하라. 그 시간을 하루 스케줄로 만든 다음 수첩에 적어넣어라.

에너지 습관을 위한 실천

- 아침에 거울을 보면서 유머, 농담, 넌센스를 떠올려라. 다음 2분 동안 미소 짓고 웃어라. 처음에는 좀 어색할 수도 있으므로 명상을 하는 기분으로 시작하라. 미소는 훌륭한 자연 의약품이기 때문에 마음의 병을 치유할 수 있다는 사실을 명심하라.

- 출근길이나 화장실에서, 또는 슈퍼마켓에 갈 때 2분 동안 미소 짓고 웃어라. 지금까지 본 영화 중에서 가장 웃긴 장면을 떠올려라.

- 점심 먹고 2분 동안 미소 지어라. 만나는 사람들에게 즐겁게 인사하면서 산책하라.

- 저녁을 먹고 2분 동안 미소 짓고 웃어라. 아직까지 살아오면서 가장 우스웠던 일을 떠올려라. 아니면 유머책을 읽어라.

- 이를 닦고 2분 동안 거울 속의 깨끗한 치아를 보면서 웃어라. 동시에 행복감도 높일 수 있다.

- 내가 제안한 시간에 미소 지을 수 없다면 아무 때라도 미소를 지어라. 한 번에 1분이든 5분이든 상관없다. 다 합해서 10분 동안 미소 짓는 것이 목표다. 10분보다 더 오래 웃고 싶다면 얼마든지 그렇게 하라.

- 이 훈련을 끝낸 뒤 느낀 점을 기록하라.

 ## 11분째의 기적

오늘 저는 행복하기로 마음먹었습니다. 저는 그 어떤 고난이 닥쳐와도 행복과 더불어 살겠습니다. 저 자신을 기쁨의 존재로 만들겠습니다. 저 자신을 웃고 미소 짓게 하겠습니다. 저 자신을 기분 좋아지게 하겠습니다. 저의 고통, 스트레스, 두려움, 이기심, 자아를 내어놓았습니다. 저는 그 모든 것을 당신에게 맡깁니다. 저는 그 모든 것을 당신에게 드리고 행복, 기쁨, 평안을 느낍니다. 저는 저의 두려움, 스트레스, 고통을 당신에게 풀어놓으며, 당신의 즐거움, 사랑, 열정, 유머를 가지고 오기를 기도합니다.

나의 에너지 체크리스트 ✔

아침을 먹었다.	☐
몸에 좋은 음식으로 소식했으며 에너지를 북돋는 간식을 먹었다.	☐
물을 충분히 마셨다.	☐
에너지를 회복할 만큼 충분히 쉬었으며 잠을 푹 잤다.	☐
운동을 했다.	☐
에너지를 높여주는 음악을 들었다.	☐
내게 에너지를 주는 사람들과 연락했다.	☐
스트레스를 받을 때, 에너지를 회복시키는 호흡법을 연습했다.	☐

즐겁게 놀면 에너지가 충만해진다

DAY
6

"자신을 잊을 때 우리는 행복해진다."
_로버트 스티븐슨

활기차고 감사하는 마음을 갖게 되었다면 이제 놀이 에너지로 몸과 마음에 불을 붙일 시간이다. 마침 내가 이 부분을 쓰고 있을 때, 네 살짜리 아들이 내 방문을 두드리며 자기와 놀아달라고 했다. 나는 아들과 꼬리잡기 놀이를 하면서 놀이의 힘을 절실하게 느꼈다. 아들은 쉴 새 없이 웃으면서 손과 눈의 능력을 키우고, 몸과 마음을 개발하면서 그 순간에 몰입했다. 아이들은 그렇게 놀면서 행복해한다.

더불어 나 역시 놀이의 혜택을 경험할 수 있었다. 나는 아들과 놀면서 현재의 순간에 몰입하고 즐기고 있음을 깨달았다. 원고 마감이니 주택부금이니 하는 것은 까맣게 잊어버렸다. 나는 짧은 시간이지만 즐겁고 충만하게 삶을 누린 것이다.

불행히도 대다수 어른들은 어떻게 노는지를 잊어버렸다. 어른들은 일, 자녀, 책임의 무게는 기꺼이 짊어진다. 그러고는 정작 자신의 즐거움, 흥미진진함, 웃음을 무시한다. 당신은 아마 직장에서 집으로 일거리를 가져오고, 극장에서도 업무 때문에 휴대전화로 통화를 하고, 해변으로도 노트북을 가져갈 것이다. 일은 더 많이 하고 노는 것은 별로 하지 않는 것이다. 이 일상을 바꾸어라. 행복한 사람들은 즐거움과 재미를 위한 시간을 일부러 따로 만든다. 즉, 행복한 사람들은 저절로 즐거움과 재미가 생기기를 기다리지 않는다. 스스로가 그것을 만든다.

놀이는 칙센트미하이가 '원활한 흐름'이라고 불렀던 그런 상태를 경험할 수 있게 해준다. 원활한 흐름 상태에 있을 때, 생기 있게 인생 자체와 조화를 이루면서 살 수 있다. 스트레스는 줄어들고 긍정적인 에너지가 넘쳐흐른다.

그러므로 앉아서 즐거움이 생기기를 기다리지 마라. 즐거움을 창조하라. 텔레비전에서 리얼리티 쇼를 보는 대신에 자신의 리얼리티를 창조하라. 다른 사람들이 노는 것을 보면서 즐거움을 얻는 대신 자신이 놀이할 시간을 가져라.

하루 10분 '놀이' 스케줄을 잡아라 오늘 어느 시간에 무엇을 하면서 신나게 놀 것인지 정하라. 그 시간을 하루 스케줄로 만든 다음 수첩에 적어넣어라.

에너지 습관을 위한 실천

- 10분 동안 가장 좋아하는 음악을 들어라. 음악에 맞추어 그냥 춤추면서 세상일은 까맣게 잊어라. 만일 자녀가 있으면 함께 춤을 추어라. 혼자 있

다면 최대한 야성적으로 춤을 추어라. 에너지가 흐르는 음악이 당신을 움직이도록 만들어라.

● 10분 이상 춤추기를 원한다면, 반드시 에너지가 계속 흐르도록 하라.

● 춤을 다 추고 난 뒤 느낀 점을 기록하라. 생기 있게 느껴지는가? 행복하게 느껴지는가?

 **11분째의 기적**

저는 에너지가 넘칩니다. 에너지 플랜의 효과가 나타나고 있습니다. 그래서 저는 이 좋은 상태가 계속 유지될 수 있기를 기도합니다. 제가 운동을 계속할 수 있게 해주소서. 또 행복해지기 위해서 좋은 습관을 유지할 수 있도록 도와주소서. 제가 계속 에너지 플랜에 몰두할 수 있게 해주소서. 저 자신이 하고자 하는 의욕을 잃지 않게 하소서. 이 에너지가 제가 원하는 삶을 만들고, 제게 필요한 변화를 만들 수 있게 하소서. 이 에너지가 제 영혼을 다시 타오르게 할 불꽃이 되고 저를 지탱할 연료가 되게 하소서.

나의 에너지 체크리스트 ✔

아침을 먹었다. ☐

몸에 좋은 음식으로 소식했으며 에너지를 북돋는 간식을 먹었다. ☐

물을 충분히 마셨다. ☐

에너지를 회복할 만큼 충분히 쉬었으며 잠을 푹 잤다. ☐

운동을 했다. ☐

에너지를 높여주는 음악을 들었다. ☐

내게 에너지를 주는 사람들과 연락했다. ☐

스트레스를 받을 때, 에너지를 회복시키는 호흡법을 연습했다. ☐

성공의 산책으로
하루를 마감하라

"성공하기 위해서는 그 무엇보다 성공하겠다는 결심이 중요하다."
_ 링컨

나는 골프에서 인생의 참다운 의미와 긍정적인 에너지를 얻는 중요한 열쇠를 발견했다. 골프는 어른들을 아이들처럼 울게도 만들고, 이제 막 걸음마를 하는 아기처럼 골프채를 집어 던지게도 만든다. 이 스포츠가 좌절과 고통을 주는 것 외에 또 어떤 열쇠를 쥐고 있을까? 놀라운 사실은, 한 라운드를 돌고 나면 그날 제대로 치지 못했던 수많은 스윙은 기억나지 않는다는 점이다. 골프를 치고 난 다음에 기억하는 것은 한 번의 멋진 스윙으로 공이 홀에서 50센티미터 지점에 떨어진 황홀했던 순간이다.

사람들이 사는 방식과 골프를 비교해 보자. 자신에게 일어난 일 가운데 좋은 일 한 가지에 초점을 맞추는 사람이 있는가 하면, 잘못된 백 가지 일에 집착하는 사람들이 있다. 그날그날의 성공에 대해 생각하지 않고, 마치 공포영화를 반복 상영하는 것처럼 실패를 되새기는 사람이 있다. 이러한 사람은 열심히 집중해서 인생을 사는 대신 자꾸 뒤로 물러난다.

인생에서나 긍정적인 에너지에서나 핵심은 일상에 멋진 골프 스윙을 기억하는 것이다. 한 번의 의미 있는 대화, 한 번의 좋은 만남, 한 번의 친절한 행동, 한 번의 위대한 성취, 또 당신을 미소 짓게 만들었던 특별한 순간을 기억하라. 아무리 힘들게 사는 사람일지라도 이러한 '위대한 순간'은 반드시 있다. 그 위대한 순간을 기억하고 거기에 집중하라. 그 특별한 일이 다시 일어날 수 있도록 스스로를 격려하라. 실수를 통해서 교훈을 얻고, 성공을 기억하고, 성공에 집중하면서 인생을 살아갈 수 있다.

우리는 살면서 포기하고 싶은 순간이 많다. 그러나 성공했던 기억과 긍정적인 경험은 다시 멋진 인생으로 돌아올 수 있는 의욕을 불러일으킨다. 잘못된 수천 가지 순간은 잊어버리고 잘된 한 순간을 기억하라. 즐거움, 성공, 긍정적 에너지, 행복에 취해야 한다. 이 긍정적인 에너지에 중독되기 위해 성공의 산책을 하라.

저녁식사를 마친 뒤 30분 이내에 10분 동안 가볍게 걸으면 신진대사가 활발해지면서 칼로리 연소에 도움이 된다. 또 잠도 푹 잘 수 있다. 저녁을 먹고 소파에 털썩 앉아 의식불명 상태에 빠지는 대신 가볍고 편안한 산책을 하라. 그날의 성공에 초점을 맞추고, 더 낙천적인 생각을 해서 더 많은 성공과 긍정적인 에너지를 창조하라 .

하루 10분 '성공의 산책' 스케줄을 잡아라 오늘 어느 시간에 성공의 산책을 할 것인지 정하라. 그 시간을 하루 스케줄로 만든 다음 수첩에 적어넣어라.

에너지 습관을 위한 실천

● 저녁식사 뒤 10분 동안 산책하면서 그날의 성취와 성공을 되돌아보라. 아래 문장의 빈칸을 채워보라. 무엇을 성취했는지 생각해 내는 데 큰 도움이 된다.

오늘 하루 나는 성공적으로 살았다. 왜냐하면 ________이기 때문이다.
오늘 나는 ________을(를) 자랑스럽게 생각한다.
나는 ________와(과) 멋진 대화를 나누었다.
오늘 있었던 훌륭한 일 한 가지를 든다면 ________이다.

● 성공을 되새기는 이 훈련을 자녀와 함께 하라. 아이들이 매일 밤 그날의 성공과 성취에 대해 이야기한다면, 자신감 있는 사람으로 성장한다.

● 오늘 산책을 하고 난 느낌을 기록하라.

11분째의 기적

더 이상 제 인생을 실패한 인생이라고 정의하지 않게 하소서. 저는 더 이상 과거에 살지 않겠습니다. 이제 날마다 저에게 일어나는 놀라운 일에 관심을 갖겠습니다. 성공이 상대적이라는 것도 깨닫겠습니다. 또 저의 성공은, 제가 나누었던 좋은 대화 한마디, 제가 만난 훌륭한 사람들, 다른 사람과 함께한 위대한 순간, 누군가의 삶에서 제가 이루어낸 변화라고 생각하겠습니다. 저는 날마다 새로운 선물을 발견하기 위해 노력하겠습니다.

나의 에너지 체크리스트 ✔

아침을 먹었다.	☐
몸에 좋은 음식으로 소식했으며 에너지를 북돋는 간식을 먹었다.	☐
물을 충분히 마셨다.	☐
에너지를 회복할 만큼 충분히 쉬었으며 잠을 푹 잤다.	☐
운동을 했다.	☐
에너지를 높여주는 음악을 들었다.	☐
내게 에너지를 주는 사람들과 연락했다.	☐
스트레스를 받을 때, 에너지를 회복시키는 호흡법을 연습했다.	☐

당신은 지금 어디에 있는가?

이제 에너지 플랜의 첫 일주일이 끝났다. 어떠했는가? 예전보다 더 생기 있고, 더 집중할 수 있고, 더 긍정적인 느낌이 드는가? 아래의 점수표를 이용해 스스로를 되돌아보라.

긍정적 에너지－부정적 에너지 척도

1	2	3	4	5	6	7	8	9	10

부정적   긍정적

슬픔－행복 척도

1	2	3	4	5	6	7	8	9	10

슬픔   행복

스트레스 척도

1	2	3	4	5	6	7	8	9	10

스트레스를 많이 받음   긴장이 풀리고 여유로움

집중도 척도

| 1 | 2 | 3 | 4 | 5 | 6 | 7 | 8 | 9 | 10 |

산만   집중

두려움-신뢰 척도

| 1 | 2 | 3 | 4 | 5 | 6 | 7 | 8 | 9 | 10 |

두려움   신뢰

전체적인 에너지 척도

| 1 | 2 | 3 | 4 | 5 | 6 | 7 | 8 | 9 | 10 |

낮음   높음

긍정적인 에너지를 불러들여라

— 1일 10분, 30일 에너지 플랜 2주

〈우리가 알면 얼마나 알겠어? What the Bleep Do We Know?〉라는 다큐멘터리 영화가 있다. 그 영화에 이런 대사가 나온다. "아침에 일어나면 나는 의식적으로 하루를 설계한다. 그러면 뭔가 설명할 수 없는 일들이 일어나서 결과적으로 그날 하루는 내가 생각한 대로 흘러간다. 내가 먼저 그렇게 생각했기에 그런 결과가 나왔다고밖에 생각할 수 없다." 이 영화는 우리의 마음가짐이 얼마나 중요한지, 또 그 마음가짐이 어떻게 현실을 만드는가를 보여준다.

세상을 어떻게 보는가가 바로 우리가 보는 세상을 변화시킨다. 생각하는 그대로 세상은 창조된다. 그러므로 인생을 바꿀 수 있는 힘이 자신에게 있음을 자각해야 한다. 모든 사람의 내부에는 행복과 기쁨과 긍정적인 에너지가 있으며, 이를 찾아내서 사용하고 표현해 주어야 한다. 이제 10분의 긍정적인 에너지가 인생을 바꾸어놓을 수 있음을 알게 될 것이다.

어쩌면 내심 '나는 적어도 하루 10분 정도는 행복하게 살고 있어.'라고 생각할지도 모른다. 진정 그렇게 살고 있다면 반가운 일이다. 그러나 이 책에서 말하는 행복한 10분은 그것과는 다르다. 나는 하루 10분 에너지 플랜을 통해 더 행복해지기를 바란다.

앞에서 설명한 것처럼, 행복은 가르쳐줄 수 있고 연습할 수 있고 배울 수 있다. 이제부터 배울 하루 10분의 행복 훈련은 스스로 마음의 상태를 선택하고 행복을 선택할 수 있도록 하는 데 도움이 된다. 행복은 선택이다. 그리고 우리는 행복을 선택하는 방법을 배울 것이다. 감사하는 마음을 가질 줄 알게 되고, 마음의 자세를 바꾸고, 세상을 바라보는 시각도 달라진다. 긍정적 감정이 어떤 위력이 있는가도 느낄 수 있다. 마음속에 있는 긍정의 개에게 먹이를 주는 일이 어떤 기분인지도 알게 된다. 더 이상 책임감이나 일, 스트레스, 두려움, 과거지사에 얽매이지 마라. 당신은 더 이상 정신적, 신체적 우울증과 피곤, 불안의 악순환에 시달리지 않아도 된다. 『행복한 사람들은 알고 있는 것*What Happy People Know*』의 저자이자 케니언 랜치Canyon Ranch(미국 아리조나 주에 있는 고급 웰빙 의료센터)의 창업자인 댄 베이커Dan Baker는 다음과 같이 개에 관련된 실험 이야기를 들려준다.

개 한 마리를 도망가지 못하도록 밀폐된 상자 안에 넣었다. 또 한 마리는 도망칠 수 있도록 뚜껑이 열린 상자 안에 넣었다. 그다음 두 상자 모두에게 가볍게 전기 쇼크를 주었다. 밀폐되지 않은 상자의 개는 곧 쇼크를 피하려면 점프를 해야 한다는 것을 알아차리고는 계속 점프를 했다. 반면에 밀폐된 상자의 개는 밖으로 도망칠 수 없다는 것을 알고는 어떤 시도도 하지 않고 그냥 누워만 있었다. 밀폐된 상자의 개는 무기력에 빠져든 것이다.

그다음에는 이 개들을 한 마리씩 차례로 두 부분으로 나누어진 상자 속에 넣었다. 이 상자의 한 부분은 전기 쇼크가 미치지 않았다. 개방된 상자 속에 있던 개는 쇼크가 미치지 않는 부분으로 가면 쇼크를 피할 수 있다는 사실을 곧 학습했다. 그러나 밀폐된 상자 속에서 무기력하게 있던 개는 수동적으로 운명을 받아들였다. 한 번 학습된 무기력은 다른 상황에도 전이되었다.

우리는 특별한 경험을 하면 부정적인 사고 패턴을 갖게 된다. 또 이 부정적인 사고 패턴은 신체 안에서 생화학적 반응에 혼란을 주고 스트레스 호르몬 배출을 유도한다. 이것이 에너지 수준에 영향을 끼치고, 면역 시스템을 억압하고, 행복감을 느끼게 하는 세로토닌을 고갈시킨다. 그 결과가 바로 무력감, 불안감, 분노, 피로의 악순환으로, 오늘날 수백만 명이 이 악순환에 시달린다.

이번 주에 훈련할 하루 10분 에너지 플랜은 무기력과 악순환에서 벗어나는 것이다. 우리는 살면서 힘들고 어려운 일을 겪게 마련인데, 그때 일의 포로가 되지 마라. 우리를 가두고 있는 상자를 열고 밖으로 뛰어나가야 한다. 이 에너지 플랜은 인생을 선택할 권리가 있다는 사실을 입증한다.

삶을 바라보는
새로운 기준을 만들어라

"발이 없는 사람을 만나봐야 신발이 없다고 울지 않는 법이다."

_ 페르시아 격언

"당신의 시각을 바꾸어라." 달라이 라마와 함께 『행복의 기술 *The Art of Happiness*』를 썼던 하워드 커틀러Howard Cutler의 충고다. 커틀러에 따르면 "우리는 종종 다른 사람의 행복과 자신의 행복을 비교해서 측정한 다음 자신이 행복한지 아닌지를 결정한다. 자신보다 많은 것을 가진 사람을 기준으로 삼아 '나는 더 많은 것을 원해.'라고 말하는 사람은 영원히 행복해지지 못한다. 반대로 자신보다 적은 것을 가진 사람과 비교하면 감사의 마음으로 살 수 있다."

뉴욕주립대학교에서 실험 대상자들에게 '나는 내가 _____이 아니라서 기쁘다.'라는 문장의 빈칸을 채워넣는 실험을 한 적이 있다. 이 실험에서 두 번째의 그룹에게는 '나는 내가 _____이기를 원한다.'는 문장의 빈칸을 채워넣게 했다. 두 그룹의 참가자들은 각각 그런 문장을 다섯 개씩 만들었다. '나는 내가 _____이 아니라서 기쁘다.'는 문장을 만든 참가자들은 인생에 대한 만족도에서 대체로 행복하게 느낀 반면 '나는 ______이기를 원한다.'라는 문장을 채워넣은 두 번째의 그룹은 삶에 대해 불만족스럽게 느꼈다. 요컨대 행복을 결정하는 데에는 무엇을 기준으로 하느냐, 누구의 인생을 기준으로 하느냐가 중요하다. 자신을 완벽한 사람과 비교하면 질투심이 생기는 반면 불행한 사람과 비교하면 만족감이 생긴다.

이제 삶을 측정하는 새로운 방법을 만들어보자. 갖고 싶은 것을 생각하는 대신에 이미 갖고 있는 것을 생각하라. 갖지 못했지만 원하는 것에 대해 생각하지 말고, 없기 때문에 기쁜 것에 대해 생각하라. 이제 실천하게 될 10분 에너지 플랜을 통해 새로운 측정기준을 만들어라. 사고방식과 시각을 바꿈으로써 더 큰 만족감을 얻고 행복을 느끼게 된다. 그리고 운동선수가 날마다 열심히 연습하면 실력이 더 좋아지는 것처럼 이 훈련도 열심히 할수록 삶은 더 행복해진다.

하루 10분 '행복 훈련'의 스케줄을 잡아라 오늘 어느 시간에 행복 훈련을 할 것인지 정하라. 그 시간을 하루 스케줄로 만든 다음 수첩에 적어넣어라.

에너지 습관을 위한 실천

● 아래의 문장을 완성하라.

나는 내가 ______이(가) 아니라서 기쁘다.
나는 내가 ______을(를) 하지 않아서 감사하다.
나는 내가 ______을(를) 가지지 않아서 행복하다.

● 모든 문장을 완성한 다음, 각 문장을 다섯 번 크게 읽어라.

● 지금의 느낌을 기록하라.

11분째의 기적

제 일생 동안 저에게 주신 은총에 감사합니다. 제가 가진 모든 것에 감사합니다. 제 일생이 완벽하지 않을 수도 있고 제가 고통을 경험할 수도 있지만, 제가 당신과 연결될 때 저의 두려움은 흩어지고 고통은 사라집니다. 그래서 저는 제 삶의 모든 특별한 관계를 주신 것에 감사합니다. 제 한 몸 누일 곳을 주셔서 감사합니다. 누워 꿈을 꿀 수 있는 침대를 주셔서 감사합니다. 냉장고 안의 음식을 주셔서 감사합니다. 냉장고를 주신 것도 감사합니다. 저는 저의 불완전한 삶에 대해 감사합니다. 저는 저의 삶이 나아질 것을 기도하지만 저에게 주어진 도전과 고난을 겸허하게 받아들입니다. 저는 배우고 성장하기 위해 존재합니다. 모든 도전을 통해 저는 모든 것을 저 혼자 할 수 없다는 것을 깨닫습니다. 그래서 저는 날마다 더 나아지기 위한 힘을 구합니다. 제 삶의 모든 기적에 감사드립니다.

나의 에너지 체크리스트 ✔

아침을 먹었다. ☐

몸에 좋은 음식으로 소식했으며 에너지를 북돋는 간식을 먹었다. ☐

물을 충분히 마셨다. ☐

에너지를 회복할 만큼 충분히 쉬었으며 잠을 푹 잤다. ☐

운동을 했다. ☐

에너지를 높여주는 음악을 들었다. ☐

내게 에너지를 주는 사람들과 연락했다. ☐

스트레스를 받을 때, 에너지를 회복시키는 호흡법을 연습했다. ☐

긍정 에너지를 위한 산책을 하라

"우리의 정신과 감정은 우리의 에너지 수준, 건강, 삶에 커다란 영향을 끼친다. 모든 생각과 느낌은 크든 작든 우리 내면의 에너지 비축량에 영향을 끼친다."

_닥 칠드레

긍정적 에너지 산책은 엔도르핀, 혈류, 에너지를 증가시켜 주는 강력한 신체활동이다. 감정은 슬픔의 강도를 올려줄 수도 낮춰줄 수도 있는 에너지 충전기다. 만일 특별한 이유 없이 한없이 우울해지거나 위축된 기분으로 하루를 보낸 적이 있다면, 또 반대로 행복한 기분에 들떠본 적이 있다면, 감정의 영향력을 잘 알 것이다. 우리는 감정으로 인해 행복감에 젖어들 수도 화가 날 수도 폭력적으로 변할 수도 있다. 감정은 생각하고 말하고 행동하는 것을 조정하며, 생리현상에도 영향을 끼친다.

연구에 따르면, 생리적인 흐름을 바꿈으로서 감정상태를 바꿀 수 있다. 구부정하게 있는 대신에 등을 곧게 펴고 자세를 바르게 하면 느끼고 생각하는 데에도 변화가 생긴다. 우리는 생각과 말을 바꿈으로써 자신의 감정을 긍정적으로 바꿀 수 있다. 감정적인 에너지는 감정에서 행동으로 흘러갈 뿐만 아니라 행동에서 감정으로도 흐른다.

감정이 우리를 조정하는 대신 우리가 감정을 통제하는 것이다. 행복과 긍정적인 에너지를 만들 때는 이것이 필수적이다.

기억하라, 긍정적인 감정을 품을수록 긍정적인 반응이 점차 자동적으로 이루어진다는 것을. 긍정적 훈련을 함으로써 감정을 통제하라. 더 많은 행복과 긍정적인 에너지를 만들어낼 수 있다.

하루 10분 '긍정 에너지 산책'의 스케줄을 잡아라 오늘 어느 시간에 긍정 에너지 산책을 할 것인지 정하라. 그 시간을 하루 스케줄로 만든 다음 수첩에 적어넣어라.

에너지 습관을 위한 실천

- 산책을 시작하라. 자세를 곧게 하고 걷는 것을 명심하라. 어깨를 쭉 펴고 자신감 넘치게 걸어라. 걷는 방법은 감정에 영향을 끼친다. 구부정한 자세는 권태로운 기분을 만든다.

- 걸으면서 에너지 촉진 주문을 소리 내어 말하라. "나는 날마다 에너지를 높인다. 날마다 나의 긍정 에너지를 높인다!"

- 다음의 말을 2분 동안 반복하라. "나는 태어날 때부터 활기가 넘쳤다. 나는 태어날 때부터 긍정적이었다!" 이 말을 외치는 동안 자신과 친구, 가족, 동료들에게 활력을 주기 위해 태어났다는 자긍심을 가져라.

- 2분 동안 이렇게 말하라. "나는 성공한 인생이다!"

- 마지막으로 2분 동안 "좋은 일이 생길 거야!"라고 큰 소리로 외쳐라.

- 꼭 이루고 싶은 목표에 대한 문장을 만들어서 자신만의 에너지 촉진 주문으로 삼아라. 예를 들어 "나는 마음이 풍요로운 사람이 된다."처럼.

● 이 훈련을 마치고 난 뒤의 느낌을 기록하라.

 **11분째의 기적**

저는 약점투성이나 문젯거리, 근심덩어리가 아닙니다. 저는 저 자신의 힘입니다. 이 10분 훈련을 통해서 최고의 제 자신을 찾도록 도와주소서. 그리고 오늘 하루 동안, 이번 주 동안, 이번 달 동안, 올 한 해 동안 내내 이 느낌을 품도록 해주소서. 제가 약해질 때, 제가 강한 사람임을 기억하게 해주시고, 제가 슬플 때 행복할 수 있음을 상기할 수 있게 해주시고, 제가 두려움을 느낄 때 믿음으로 변화시키소서.

나의 에너지 체크리스트 ✔

아침을 먹었다. ☐

몸에 좋은 음식으로 소식했으며 에너지를 북돋는 간식을 먹었다. ☐

물을 충분히 마셨다. ☐

에너지를 회복할 만큼 충분히 쉬었으며 잠을 푹 잤다. ☐

운동을 했다. ☐

에너지를 높여주는 음악을 들었다. ☐

내게 에너지를 주는 사람들과 연락했다. ☐

스트레스를 받을 때, 에너지를 회복시키는 호흡법을 연습했다. ☐

긍정의 개에게
먹이를 주어라

"어떤 이들은 행복을 추구하고 또 어떤 이들은 행복을 창조한다."
_ 익명의 현자

DAY
10

"마음속에 살고 있는 긍정적인 개에게 먹이를 주고 부정적인 개는 굶겨라."라는 이야기를 기억할 것이다. 자, 이제 이 이야기를 생활에 적용하고 긍정적인 개에게 먹이를 줄 시간이다. 당신이 가지지 못한 것, 좋아하지 않는 것, 원하지 않는 것에 대해 생각하지 말고, 당신의 인생에서 멋진 것에 대해 생각할 시간이다.

성격에서 좋은 점을 찾아내라. 장점은 무엇인가? 다른 사람이 칭찬하는 점은 무엇인가? 내가 에너지 코치를 하면서 발견한 사실은, 우리가 멋진 것에 대해 생각하고 있을 때에는 좋아하지 않는 것은 생각하지 않는다는 점이다. 이 두 가지 생각이 마음속에 동시에 자리를 차지하지는 않는다. 긍정적인 개에게 먹이를 주면 긍정적인 개는 계속 자란다. 인생에서 멋진 것에 대해 생각하는 순간순간마다 더 낙관적인 사람이 되고 더 행복한 사람이 된다.

하루 10분 '긍정의 에너지'에 대해 생각할 스케줄을 잡아라 오늘 어느 시간에 긍정의 에너지에 대해 생각할 것인지 정하라. 그 시간을 하루 스케줄로 만든 다음 수첩에 적어넣어라.

에너지 습관을 위한 실천

● 다음 문장의 빈칸을 채워라.

나는 ________을(를) 가지고 있어서 행복하다.

나는 ________을(를) 가지고 있어서 행복하다.

나는 ________라서 행복하다.

나는 ________라서 행복하다.

나는 내가 ________임에 감사한다.

나는 내가 ________임에 감사한다.

나는 ________을(를) 가지고 있음에 감사한다.

나는 ________을(를) 가지고 있음에 감사한다.

● 다음 문장의 빈칸을 채워라.

나 자신에 대해 내가 좋아하는 멋진 점 세 가지는?

1. _______________________________________

2. _______________________________________

3. _______________________________________

나의 장점 세 가지는?

1. _______________________________________

2. _______________________________________

3. ________________________________

나는 이 세 가지 장점을 삶에서 이렇게 활용할 수 있다.

____

____

내 인생에서 가장 의미 있는 성취 세 가지는?

1. ________________________________

2. ________________________________

3. ________________________________

● 각 문장을 소리 내어 읽어라.

● 어떤 느낌이 들었는지 기록하라.

⏱ 11분째의 기적

저는 풍요를 위해 기도합니다. 저는 제 안의 모든 즐거움, 건강, 행복, 사랑, 정열, 목적을 받아들입니다. 강이 바다로 흐르는 것처럼 저는 저 자신이 성공과 꿈에게로 이르게 합니다. 제가 당신에게 이르렀을 때, 제가 우주 안의 모든 사람과 모든 사물의 한 부분이 될 수 있음을 압니다. 저는 존재하는 모든 풍요와 하나가 됩니다. 그래서 저는 풍요를 위하여 기도하고 제 삶에 이 풍요로움을 받아들입니다. 제 삶의 모든 풍요로움에 감사합니다.

나의 에너지 체크리스트 ✓

아침을 먹었다. ☐

몸에 좋은 음식으로 소식했으며 에너지를 북돋는 간식을 먹었다. ☐

물을 충분히 마셨다. ☐

에너지를 회복할 만큼 충분히 쉬었으며 잠을 푹 잤다. ☐

운동을 했다. ☐

에너지를 높여주는 음악을 들었다. ☐

내게 에너지를 주는 사람들과 연락했다. ☐

스트레스를 받을 때, 에너지를 회복시키는 호흡법을 연습했다. ☐

생애 최고의 순간을 기억하라

DAY 11

"우리는 바람에 흔들리며 아무렇게나 날리는 힘없는 먼지 한 점이 아니다.
우리는 모두 특별한 이유와 목적을 가지고 태어난 아름다운 눈송이다."
_ 엘리자베스 퀴블러-로스

생애 최고의 순간을 들라고 하면, 당신은 무엇을 말할 것인가? 아마도 원하는 학교에 들어갔거나 꿈꿔왔던 직장에 들어간 것일 수 있다. 또는 자녀가 태어난 순간을 말할 수도 있고, 결혼한 순간을 말할 수도 있을 것이다. 어떤 사람은 이혼한 날이 될 수도 있다(나는 에너지 세미나에서 이혼을 가장 위대한 순간으로 꼽는 사람을 더러 보았다. 우스꽝스럽게 들릴지도 모르지만 사실이다). 또는 누군가의 생명을 구한 날이 될 수도 있고, 최고의 공연을 했던 순간일 수도 있다.

살면서 스트레스와 두려움으로 가득 찬 일을 처리해야 하는 상황에 맞닥뜨렸을 때(간단히 말해서 스트레스를 많이 받은 날이라고 해 두자), 이러한 스트레스와 두려움을 극복하는 최고의 방법은 이 가장 멋진 순간들을 떠올림으로써 긍정적인 에너지로 자신을 충전하는 것이다. 계속 반복해서 스트레스를 받더라도, 뇌가 긍정적인 것에 초점을 맞추면 부정적인 생각은 사라진다. 그리고 그것은 습관이 된다.

그러므로 가장 멋진 순간이 무엇이었는지를 언제나 생각하라. 기분이 가라앉거나 스트레스를 받을 때마다 가장 멋진 순간을 떠올려라. 이 순간들의 긍정적 힘을 받아 얼굴에는 웃음을, 눈에는 광채를 띠고 기쁨을 온몸으로 느껴라.

이 멋진 순간들은 삶에서 진정으로 중요한 것이 무엇인지 상기시켜 준다. 인생에서 중요한 것은 얼마나 오래 사느냐가 아니라 삶을 결정짓는 중요한 순간의 질이다. 어떤 일이 일어나고 어떤 일은 일어나지 못하도록 미리 조정할 수는 없다. 그러나 자신의 생각은 통제할 수 있다. 긍정적인 에너지는 선택이다. 순간의 선택이 인생과 세상을 어떻게 바라보는가를 결정한다. 자신의 드라마를 통해서 삶의 성공이 어떤 것이었다고 정의할 수 있도록 하라.

하루 10분 '생애 최고의 순간'을 되돌아보는 스케줄을 잡아라 오늘 어느 시간에 그 위대한 순간을 되돌아볼 것인지 정하라. 그 시간을 하루 스케줄로 만든 다음 수첩에 적어넣어라.

에너지 습관을 위한 실천

- 인생에 대하여 깊이 생각해 보고 생애 최고의 순간 세 가지를 찾아라.
- 그 순간들을 일기에 기록하라. 가능한 한 생생하게 묘사하라.
- 생애 최고의 순간을 눈앞에 사진처럼 그려보라. 눈을 감고 그 일이 마치 오늘 일어났던 것처럼 마음속에 떠올려라.
- 어떤 느낌이 들었는지 기록하라.

11분째의 기적

저는 인정받기 위해서 제가 필요하다고 생각하는 일을 과감히 포기하겠습니다. 저는 다른 사람들에게 인정받고 중요한 사람이 되고 싶어하는 저의 이기심을 버리겠습니다. 제가 해야 하는 모든 일이 빛을 발한다는 것을 깨닫습니다. 제가 해야 할 일은 오직 저의 빛, 긍정적인 에너지, 정열과 열의, 재능을 빛내는 것입니다. 제가 해야 하는 모든 것은 저의 재능을 세상과 나누는 것입니다. 저는 이제까지 다른 사람들을 즐겁게 하려고 노력하면서 행복을 느껴본 적이 없습니다. 이제 저는 압니다. 제 속에서 빛을 찾는다면, 그리고 그 빛을 환하게 빛낸다면 제가 행복해지리라는 것을.

나의 에너지 체크리스트 ✔

아침을 먹었다.	☐
몸에 좋은 음식으로 소식했으며 에너지를 북돋는 간식을 먹었다.	☐
물을 충분히 마셨다.	☐
에너지를 회복할 만큼 충분히 쉬었으며 잠을 푹 잤다.	☐
운동을 했다.	☐
에너지를 높여주는 음악을 들었다.	☐
내게 에너지를 주는 사람들과 연락했다.	☐
스트레스를 받을 때, 에너지를 회복시키는 호흡법을 연습했다.	☐

긍정적인 말이 성공의 열쇠다

"당신이 반대하는 모든 것이 당신을 약하게 만든다.
당신이 찬성하는 모든 것이 당신을 강하게 만든다."

_ 웨인 다이어

에머슨은 "모든 행동의 조상은 생각이다."라고 말했다. 긍정적인 에너지로 가득 찬 인생을 살고자 한다면, 먼저 긍정적인 에너지로 가득 찬 생각과 말을 해야 한다. 에너지는 물질에 우선해서 존재한다. 현실을 바꾸고 싶다면 먼저 자신의 에너지를 바꾸어라. 그 에너지란 생각과 말이다. 그러므로 자신의 에너지를 바꾸려면 생각과 말을 바꾸어야 한다. 생각은 우리에게 긍정적인 연료가 될 수도 있고 부정적인 연료가 될 수도 있다. 생각은 우리를 강하게도 만들 수도 있고 약하게도 만들 수도 있다. 그 선택은 우리가 한다.

생각과 말을 자동차가 달리는 데 필요한 연료라고 생각하라. 좋은 연료가 풍부하게 공급되면 어디든 마음껏 달려갈 수 있다. 반면에 불순한 연료를 채우면 기계가 제대로 돌아가지 못하고 곤란한 상황에 빠진다. 우리는 에너지 훈련을 통해서 좋은 연료를 얻을 수 있으며 가고 싶은 곳으로 갈 수 있다. 에너지 훈련은 생각과 말과 함께 시작된다. 긍정적인 생각, 긍정적인 말, 긍정적인 에너지로 연료 탱크를 채워라. 이 연료를 채우기에 가장 좋은 시간은 매일 아침이다.

하루 10분 '긍정의 말'을 생각할 스케줄을 잡아라 오늘 어느 시간에 긍정의 말에 대해 생각할 것인지 정하라. 그 시간을 하루 스케줄로 만든 다음 수첩에 적어넣어라.

에너지 습관을 위한 실천

● 긍정적인 생각과 말로 연료를 채우기 위하여 아래의 문장을 큰 소리로 읽어라. 산책을 하면서 이 훈련을 하면 효과가 더 크다.

- 나는 오늘을 성공으로 이끌기 위해 내가 해야 하는 일에 레이저처럼 집중한다.

- 나는 내 안에서 긍정적 에너지의 강력한 힘을 느낀다.

- 나는 행복하다. 오늘 나는 나 자신이 행복을 느끼도록 놔둘 것이다.

- 나는 오늘 느긋하다. 나는 평온의 에너지를 느끼고 기분이 좋다.

- 나는 낙천적이다. 나는 멋진 일이 일어날 것이라고 믿는다.

- 나는 내가 만나는 멋진 사람들을 모두 받아들인다.

- 나는 내가 한 멋진 대화를 모두 받아들인다.

- 나는 내 생애의 건강, 부, 성공, 즐거움, 풍요로움을 모두 받아들인다.

- 나는 오늘 하루 중 남은 시간이 어떨지 기대한다.

- 나는 앞으로 어떤 사람들을 만날지 기대한다.

- 나는 앞으로 무엇을 배우게 될지 기대한다.

- 나는 앞으로 내가 어떤 성공을 하게 될지 기대한다.

● 열정과 긍정적인 에너지로 위의 문장을 하루에도 몇 번씩 되풀이하여 읽어라.

● 이제 종이 위에 다음을 적어라.
"나는 내 인생을 사랑한다."

● 이 종이를 화장실 거울, 자동차 계기판 위 그리고 책상 위에 붙여놓아라. 하루에도 몇 번씩 "나는 인생을 사랑한다."는 말을 되뇌어서 긍정적인 에너지로 채워라.

● 이 훈련을 하고 난 뒤의 느낌을 기록하라.

11분째의 기적

저를 당신의 사랑, 즐거움, 동정, 정열, 목적, 긍정적 에너지를 위한 샘으로 만드소서. 저를 긍정적 에너지의 표현으로 만드소서. 또 이 긍정적 에너지를 다른 사람들과 나누도록 하소서. 사람들이 기적을 볼 수 있도록 저를 사용하소서. 다른 이들이 기적을 창조하는 것을 돕도록 저를 인도하소서. 저를 평화의 도구로 만드소서. 그리고 긍정적인 세상을 창조하도록 허락하소서.

나의 에너지 체크리스트 ✓

아침을 먹었다.	☐
몸에 좋은 음식으로 소식했으며 에너지를 북돋는 간식을 먹었다.	☐
물을 충분히 마셨다.	☐
에너지를 회복할 만큼 충분히 쉬었으며 잠을 푹 잤다.	☐
운동을 했다.	☐
에너지를 높여주는 음악을 들었다.	☐
내게 에너지를 주는 사람들과 연락했다.	☐
스트레스를 받을 때, 에너지를 회복시키는 호흡법을 연습했다.	☐

새로운 것을 시도하라

"아무도 듣지 않는 것처럼 노래하라. 아무도 보지 않는 것처럼
춤을 춰라. 절대 상처받지 않을 것처럼 사랑하라.
그리고 이 지상이 천국인 것처럼 살아라."
_ 익명의 현자

이제 행복을 증진시켜 줄 몇 가지 새로운 놀이를 할 시간이다. 에
모리대학의 정신의학 교수인 그레고리 번즈Gregory Berns는 "참신함이
인생에 만족을 주는 중요한 비결"이라고 말했다. 그는 지속적으로 새
로운 도전과 모험을 시도할 때 훨씬 더 행복해질 수 있다고 주장한
다. 그렇다고 해서 스카이다이빙이나 에베레스트 등반 같은 거창한
시도를 말하는 것이 아니다.

새로운 마음으로 몰입할 수 있는 일 또는 새로운 자극을 주는 경
험이면 된다. 번즈 교수가 사람들을 대상으로 실험한 몇 가지 활동으
로는 새로운 스포츠, 피트니스, 새로운 소설 읽기, 잘 모르는 주제에
대한 강연 듣기 등이었다. '다양함은 인생의 맛을 더해 준다'는 격언
대로 새로운 것을 시도하기 위한 목표를 세워라. 새로운 일을 함으로
써 새로운 에너지를 채울 수 있다. 그리고 이 에너지 덕분에 행복해
질 수 있다.

하루 10분 '새로운 일'을 할 스케줄을 잡아라 오늘 어느 시간에 새로운 일을 할 것인지 정하라. 그 시간을 하루 스케줄로 만든 다음 수첩에 적어넣어라.

에너지 습관을 위한 실천

- 새로운 활동은 사람마다 다르다. 그러므로 다음 활동 가운데 새롭다고 느껴지는 것을 선택해서 10분 동안 놀이를 하라.

  - 테니스 공 3개를 가지고 저글링을 해보자. 잘되지 않더라도 10분 동안 꾸준히 시도한다.

  - 훌라후프를 돌려보자. 잘되지 않더라도 10분 이상 계속하라.

  - 서점에 가서 평소에는 전혀 흥미가 없었던 분야의 책을 고른 뒤 10분 동안 읽어보라.

  - 장난감 가게에서 잘 튀어오르는 공을 사서 공을 얼마나 높이 튀어오르게 할 수 있는지 도전해 보라.

  - 10분 안에 자신의 삶에 대한 짧은 노랫말을 지어보라. 최대한 재미있게 만들어라.

  - 전에는 만들어본 적이 없는 새로운 요리를 해보라.

  - 라디오 방송국에 문자를 보내서 가장 좋아하는 노래를 신청해 보라.

  - 놀이용 찰흙이나 레고블럭을 사서 무엇이든 마음에 드는 모양을 만들어 보라.

- 새로운 놀이를 즐긴 뒤의 느낌을 기록하라.

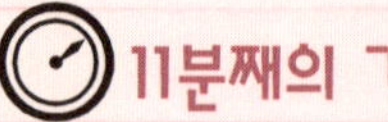

11분째의 기적

저는 이 에너지 플랜을 허락하신 당신께 감사합니다. 제가 이 에너지 플랜을 만난 것은 우연이 아닙니다. 제가 배운 많은 것들을 제 것으로 만들 수 있기를 원합니다. 예정대로 진도를 나갈 수 있게 도와주소서. 평온한 마음으로 집중할 수 있도록 하소서. 긍정적인 마음으로 자신감을 갖도록, 저 자신과 저의 미래에 대하여 믿음을 가질 수 있도록 도와주소서. 저는 계속 나아질 준비가 되어 있습니다. 제게 생명을 허락해 주셔서 감사합니다. 저는 빛날 준비가 되었습니다.

나의 에너지 체크리스트 ✔

아침을 먹었다. ☐

몸에 좋은 음식으로 소식했으며 에너지를 북돋는 간식을 먹었다. ☐

물을 충분히 마셨다. ☐

에너지를 회복할 만큼 충분히 쉬었으며 잠을 푹 잤다. ☐

운동을 했다. ☐

에너지를 높여주는 음악을 들었다. ☐

내게 에너지를 주는 사람들과 연락했다. ☐

스트레스를 받을 때, 에너지를 회복시키는 호흡법을 연습했다. ☐

인간관계의 폭을 넓혀라

"친구는 내가 나 자신에게 주는 선물이다."
_로버트 루이스 스티븐슨

　지금보다 더 행복해지고 싶다면, 더 많은 돈을 벌려고 노력하지 마라. 그 대신 친구를 더 많이 사귀어라. 『행복의 추구』의 저자 데이비드 마이어즈의 연구에 따르면, 중산층은 일단 생활이 안정되고 나면 그다음에는 수입과 행복 사이에 큰 관련이 없다고 한다. 그리고 나라가 부유해진다고 해서 국민이 행복해진다는 증거도 없다. 실제로 미국은 제2차 세계대전 이후가 경제적으로 가장 성장한 시기였으나, 우울증 환자와 알코올 중독자의 비율은 증가했다. '행복은 돈으로 살 수 없다'는 격언은 분명한 진리다.

　그러나 친구가 많으면 확실히 차이가 있다. 국립여론연구센터 National Opinion Research Center의 조사에 따르면, 친구가 많으면 많을수록 더 행복해진다. 또한 다른 사람들과 친밀한 관계를 맺으면 더 건강해진다는 연구 결과도 있다. 그리고 로버트 D. 퍼트넘Robert D. Putnam 박사에 따르면 "모임 하나에 가입해서 적극적으로 참여하면 12개월 안에 죽을 가능성이 절반으로 준다."고 한다. 그는 "사회적 고립은 흡연만큼이나 죽음을 앞당기는 위험요소다. 행복을 구성하는 가장 중요한 요인은 어떻게 인간관계를 맺느냐에 달려 있다."고 말한다.

그러므로 경제적으로 여유를 추구하기 위해 자신을 희생해 가면서 애쓰기보다는 더 많은 친구를 사귀는 데 에너지를 활용하라. 다른 사람과 한 시간을 보내기 위해 일년을 기다리지 말고 그 누구라도 좋으니 10분 동안 친밀한 유대를 가져라.

하루 10분 '인간관계' 스케줄을 잡아라 오늘 어느 시간에 인간관계를 위해 노력할 것인지 정하라. 그 시간을 하루 스케줄로 만든 다음 수첩에 적어넣어라.

에너지 습관을 위한 실천

- 긍정적인 에너지를 증가시키는 사람들과 좋은 관계를 맺기 위해 끊임없이 노력하라.

- 친구, 이웃, 가족에게 함께 산책을 하자고 요청하라. 그 사람과 걷는 동안 그에게 감사하는 점이 무엇인지 말하라.

- 늘 미소 짓게 만들고 웃게 만들었던 옛 친구에게 전화를 걸어라.

- 오랫동안 만나지 못하고, 대화를 나누지 못했던 친구와 친지에게 편지를 보내라. 이메일로 하지 말고 종이에 펜으로 써서 우편으로 보내라. 그것이 얼마나 참신한지 놀랄 것이다.

- 오늘 저녁 가벼운 마음으로 동네를 산책하라. 그리고 이웃들에게 잘 지내는지 안부를 물어라. 만일 산책하면서 이웃을 만날 수 없는 여건이라

면 잘 지내느냐고 안부전화를 걸어라.

● 다른 사람들과 교류를 한 다음 어떤 느낌이 들었는지 기록하라.

11분째의 기적

저는 다른 사람들에게 다가가고, 관계를 맺는 데 필요한 자신감과 에너지를 주십사 기도합니다. 저는 제가 다른 사람들과 유대를 맺는 일이 저 자신은 물론 다른 사람들의 삶을 위해서도 유익하다는 것을 압니다. 다른 사람들이 저를 필요로 할 때, 그들을 도울 줄 아는 연민을 가질 수 있도록 도와주소서. 실제로 그들을 도울 수 있는 실천력과 강인함을 구합니다. 제게 저 자신의 욕구보다는 다른 사람의 욕구를 먼저 생각하는 이타심을 주십시오. 제가 사람들을 위해 봉사할 수 있는 에너지를 주시기를 기원합니다.

나의 에너지 체크리스트 ✓

아침을 먹었다. ☐

몸에 좋은 음식으로 소식했으며 에너지를 북돋는 간식을 먹었다. ☐

물을 충분히 마셨다. ☐

에너지를 회복할 만큼 충분히 쉬었으며 잠을 푹 잤다. ☐

운동을 했다. ☐

에너지를 높여주는 음악을 들었다. ☐

내게 에너지를 주는 사람들과 연락했다. ☐

스트레스를 받을 때, 에너지를 회복시키는 호흡법을 연습했다. ☐

당신은 지금 어디에 있는가?

이제 에너지 플랜의 둘째 주를 마쳤다. 이제 중간 지점에 있는 셈이다. 이제까지 어떠했는가? 생기가 넘치고 목적의식이 분명해지고 긍정적이 되었는가? 아래 점수표에 체크한 뒤 더 많은 에너지를 얻으려면 어떻게 노력해야 하는지 생각하고, 실천하라.

긍정적 에너지 – 부정적 에너지 척도

1	2	3	4	5	6	7	8	9	10

부정적   긍정적

슬픔 – 행복 척도

1	2	3	4	5	6	7	8	9	10

슬픔   행복

스트레스 척도

1	2	3	4	5	6	7	8	9	10

스트레스를 많이 받음　　　　　　　　　　긴장이 풀리고 여유로움

집중도 척도

1	2	3	4	5	6	7	8	9	10

산만　　　　　　　　　　　　　　　　　　집중

두려움–신뢰 척도

1	2	3	4	5	6	7	8	9	10

두려움　　　　　　　　　　　　　　　　　신뢰

전체적인 에너지 척도

1	2	3	4	5	6	7	8	9	10

낮음　　　　　　　　　　　　　　　　　　높음

7

부정적인 에너지를 몰아내라

— 1일 10분, 30일 에너지 플랜 3주

멈추지 않고 여기까지 온 사람, 그러니까 내가 일러주는 대로 실천해 온 사람은 예전보다 행복하고 활기찬 나날을 보내고 있을 것이다. 그러나 여전히 뭔가에 얽매이고 완전하지 못하다는 느낌이 들 것이다. 많이 좋아지기는 했지만 분명 최고의 기분은 아닐 것이다. 이를 해결하기 위해서는 앞길을 가로막는 것이 무엇인지 알아야 한다.

이제 여러분에게 '놓아버리는 것'의 힘이 얼마나 큰지 소개하려고 한다. 모든 사람은 에너지 파이프라인을 방해하는 찌꺼기(에너지 장애물)를 가지고 있다. 이 에너지 장애물에는 두려움, 스트레스, 부정적인 사람들, 고통스러운 감정, 자기 의심, 과거의 일에 얽매이는 것 등이 포함된다. 이것들은 정신적, 신체적, 감정적, 영적으로 우리를 압박하는 부정적인 에너지의 원천으로, 마음에 도사리고 앉아서 긍정의 가능성을 방해한다.

인생에 강력한 변화를 일으키기 위해서는 부정적인 에너지를 없애고 그 자리를 긍정적인 에너지로 채워야 한다. 하루 10분을 투자해 떨쳐버릴 일은 과감히 떨쳐버리는 것, 즉 부정적인 에너지를 없애는 실천을 통해서 긍정적이고 풍부한 에너지가 삶으로 흘러 들어오게 하라.

아름답고 풍요로운 삶은 없앨 것을 없애지 않으면 완성되지 않는다. 여기서 핵심은 생각, 말, 호흡, 행동 모든 부분에서 내보낼 것을 내보내는 것이다. 떨쳐없애야 할 것은 과감히 없애고, 자신의 것이 아니라면 미련을 갖지 마라. 이제 에너지 파이프라인을 청소할 시간이다.

첨단기술에서 해방돼라

오늘날 우리는 너무 많은 첨단기술—나는 이것을 '에너지 터미네이터'라고 부른다—로 인해 에너지를 낭비하고 있다. 이러한 것들은 에너지 파이프라인을 막아 스트레스를 일으킨다. 그러므로 셋째 주를 시작하면서 가장 먼저 해야 할 일은 에너지 터미네이터를 약화시키고 우리를 지배하는 부정적인 힘을 제거하는 일이다. 쉽지 않을 수도 있다. 그러나 부정적인 에너지를 없애는 데 10분을 투자하면 한 층 활력을 얻고 자유를 느낄 수 있다.

이 일은 도전적인 과제다. 나는 수많은 도시를 순회하면서 강연을 하는 동안 엄청나게 기분이 좋아지는 걸 느낀다. 사인회, 낭독회, TV 출연…… 이런 일들을 하는 동안 나는 컴퓨터를 거의 켜지 않았고 기분이 좋았다. 그러나 컴퓨터를 켜는 순간…… 맙소사, 이메일 수백 통이 나를 기다리고 있었다. 나는 이메일 하나하나에 답장하느라 컴퓨터에 매달려 오랜 시간을 보내면서 기분이 점점 나빠졌다. 쉽게 잠을 잘 수 없었고 긴장도 풀리지 않았다. 가족과 함께하는 시간에도 휴대전화를 계속 받아야 한다는 강박관념에 사로잡혔다. 에너지 코치인 내가 사람들에게 하지 말라고 가르치는 모든 것을 하고 있던 것이었다!

나의 사명은 T.I.R.E.D 증후군을 극복하는 방법과 에너지 터미네이터의 독소를 제거하는 방법을 사람들에게 알려주는 일이다. 이 과정을 통해 내가 사회 자체를 변화시킬 수는 없다 할지라도 첨단기술과 정보를 사용하는 사람들의 습관은 바꾸게 할 수 있다.

하루 10분 '첨단기술에서 해방'되는 스케줄을 잡아라 오늘 어느 시간에 첨단기술에서 해방될 것인지 정하라. 그 시간을 하루 스케줄로 만든 다음 수첩에 적어넣어라.

에너지 습관을 위한 실천

- '끄기' 버튼을 눌러라.

  모든 기계에는 끄기 버튼이 있고, 또 우리에게는 끄기 버튼이 필요하다. 오늘날은 첨단기술이 너무 빠르게 발달하고 있기 때문에 정보의 양도 기하급수적으로 늘어나고 있다. 그러나 그 정보가 모두 필요한 것은 아니며 유익하지도 않다. 그러므로 지금 당장 전원을 꺼라.

- 첨단기술의 노예가 되지 마라.

  – 퇴근한 뒤에는 휴대전화 전원을 꺼라. 그 시간만큼은 어떤 일에도 휘둘리지 말고, 호흡을 깊게 하고, 긴장과 스트레스를 풀어라.

  – 퇴근한 뒤 친구를 만나 식사를 할 때에는 휴대전화 전원을 꺼라. 영화를

볼 때는 두말할 것도 없다.

- 통화 중 대기음은 무시하라. 지금 대화하고 있는 사람에게 정신을 집중하라. 상대방도 자신도 기분이 훨씬 좋아진다.

● 이메일 중독을 치료하라.

수시로 이메일을 체크하지 마라. 나는 하루에 스무 번씩 이메일을 체크하지 않는다. 딱 세 번만 체크한다. 그랬더니 훨씬 더 생산적이고 정신 집중도 잘된다. 계속 이메일을 체크하고 그에 답하는 대신, 그 시간에 창의적인 일을 하라.

● 컴퓨터 앞을 떠나 자연 속에서 산책하라.

에너지 터미네이터를 무력화시키는 가장 손쉽고 간단한 방법은 자연으로 달려가 그 기운으로 몸과 마음을 채우는 것이다. 컴퓨터는 에너지를 빨아먹지만 자연은 에너지를 회복시켜 준다.

● 하루를 마무리하면서 첨단기술에서 벗어난 느낌을 기록하라.

 **11분째의 기적**

제가 생활 속에서 다시 기운을 얻게 해주소서. 첨단기술로 가득 찬 세상에서 제가 사용하는 첨단기술의 주인은 바로 제가 되게 해주소서. 진정한 힘은 기계에서 나오는 것이 아니라 기계를 이용하는 사람에게서 나온다는 사실을 다시 깨닫게 해주소서. 저는 이따금 해답을 찾아 온라인을 헤맸지만 오늘 저는 깨달았습니다, 고요함의 힘에 의존해야 오히려 답을 얻을 수 있다는 이치를. 지금 이 순간 저에게 필요한 해답을 스스로 찾을 수 있게 되기를 기도합니다.

나의 에너지 체크리스트 ✔

아침을 먹었다.	☐
몸에 좋은 음식으로 소식했으며 에너지를 북돋는 간식을 먹었다.	☐
물을 충분히 마셨다.	☐
에너지를 회복할 만큼 충분히 쉬었으며 잠을 푹 잤다.	☐
운동을 했다.	☐
에너지를 높여주는 음악을 들었다.	☐
내게 에너지를 주는 사람들과 연락했다.	☐
스트레스를 받을 때, 에너지를 회복시키는 호흡법을 연습했다.	☐

고요의 바다에 빠져라

"당신이 독방에 감금되어 있거나, 빛과 소리도 없고 물도 흐르지
않는 곳에 마치 죽은 듯이 묻혀 있다면, 그때는 어쩔 수 없이
자기 자신의 내면을 들여다볼 수밖에 없다. 그리고 이 우주에 존재하는
모든 것이 자기 자신 안에도 있다는 것을 발견하게 될 것이다."
_ 루빈 카터, 『허리케인』 중에서

지난 15일 동안 마음과 생각을 긍정적으로 바꿀 수 있는 다양한 훈련을 해왔다. 그 훈련을 통해서 슬픔은 기쁨으로, 부정적인 에너지는 긍정적인 에너지로, 늘 부족하다고 느끼며 불평하는 마음은 감사하는 마음으로 바꿀 수 있었을 것이다. 이제 부정적 생각을 근원부터 잠재우고, 마음을 다스리는 데 도움을 주는 훈련을 소개한다.

지난 몇 년 동안 나는 직원 수천 명을 관리하는 최고경영자에서부터 어린아이를 키우는 어머니들에 이르기까지 다양한 사람들과 대화를 나누어왔다. 나는 그들에게 단 10분만이라도 휴식을 갖고 단 몇 분이라도 고요한 시간을 보내라고 충고했다. 그들이 내 말을 따랐을 때 그 효과는 매우 컸다. 그들은 모두 상쾌하고, 재충전되었다는 느낌을 받았으며 자신의 목표를 향해 전진할 수 있었다.

하루에 10분 정도만 고요한 시간을 가져라. 물론 절대 쉬운 일은 아니다. 어쩌면 전체 에너지 플랜 중에서 가장 어려운 플랜일지도 모

른다. 우리는 무엇인가를 끊임없이 '하고', 또 '성취하는 데' 중독되어 있어서 가만있지를 못한다. 쉬는 방법을 잊어버렸기 때문이다.

먼저 일을 조금 줄여 덜 바빠질 필요가 있다. 자연의 모든 것에게는 재생과 성장을 위한 시간이 필요하다. 어떤 사람이 늘 에너지를 쓰기만 하고, 새롭게 생산하고 재충전할 수 있는 시간을 갖지 않는다면, 그의 에너지 시스템은 곧 망가진다. 따라서 나는 "그냥 앉아서 쉴 순 없어."라고 말하고 싶은 욕구를 억누르라고 충고한다. '그냥' 있으면서 아무것도 하지 않을 때 느껴지는 편안함을 만끽하라. 침묵하면서 가만히 있을 때 우리는 지난 삶을 돌아볼 수 있고 앞날을 계획할 수 있다.

하루 10분 '고요한 침묵'의 스케줄을 잡아라 오늘 어느 시간에 고요한 침묵의 시간을 가질 것인지 정하라. 그 시간을 하루 스케줄로 만든 다음 수첩에 적어넣어라.

에너지 습관을 위한 실천

- 조용한 장소를 찾아라. 사무실일 수도 있고 방 안일 수도 있고 공원 벤치일 수도 있다. 그곳에 편안한 자세로 앉아라.

- 숨 쉬는 데 집중하라. 코로 숨을 들이마시고, 코와 입으로 숨을 내쉬어라. 배를 들어올리는 느낌으로 숨을 들이쉬어라. 이때 공기가 가로막과 가슴 그리고 어깨를 순서대로 들어올린다는 느낌이 들도록 들이쉰다. 또한 숨을 내쉬면서 공기가 몸을 빠져나갈 때에도 그 흐름에 집중하라. 편안히 긴장을 풀면서 숨이 좀 더 맑아지고 가벼워진다고 생각하라.

- 숨을 내쉬고 들이마실 때, 가장 좋아하는 장소를 머릿속에 그려라. 바닷가일 수도 있고, 산일 수도 있고, 또 배낭여행을 갔던 유럽의 작은 마을일 수도 있고, 지금 살고 있는 동네의 공원일 수도 있다. 그 광경을 마음속에 그리면서, 계속 숨쉬기에 집중하라.

- 이때 원치 않는 어떤 생각이 떠오른다 해도 그 생각을 몰아내려 애쓰지 마라. 그 생각이 흘러 들어왔다면 자연스럽게 흘러 나가도록 내버려두라. 그저 숨쉬기와 가장 좋아하는 그 장소에만 집중하라.

- 이 과정을 10분 동안 계속하라. 연습을 하다 보면 그 10분이 얼마나 빨리 흘러가는지 놀랄 것이다. 처음에는 조금 어색할 수도 있다. 하지만 연습을 거듭하면 곧 자연스럽게 느껴진다.

- 모두 마친 뒤 어떤 느낌을 받았는지 기록하라.

⏱ 11분째의 기적

제가 평화롭고 조용하게 앉아 긴장을 풀 수 있도록 도와주소서. 제가 복잡한 세상에서 벗어나 내부의 힘에 집중할 수 있게 도와주소서. 이 침묵의 시간이 인생을 얼마나 개선시킬 수 있는지 잊지 않도록 도와주소서. 또한 이 시간을 이용해서 제 인생뿐 아니라 제가 만나는 사람들의 인생도 개선할 수 있도록 도와주소서. 스트레스를 받을 수밖에 없는 상황이 찾아와도, 계속해서 이 평화로운 기분을 느낄 수 있기를 기원합니다.

나의 에너지 체크리스트 ✔

아침을 먹었다. ☐

몸에 좋은 음식으로 소식했으며 에너지를 북돋는 간식을 먹었다. ☐

물을 충분히 마셨다. ☐

에너지를 회복할 만큼 충분히 쉬었으며 잠을 푹 잤다. ☐

운동을 했다. ☐

에너지를 높여주는 음악을 들었다. ☐

내게 에너지를 주는 사람들과 연락했다. ☐

스트레스를 받을 때, 에너지를 회복시키는 호흡법을 연습했다. ☐

에너지 뱀파이어를 없애라

"나는 누구든지 더러운 발로 내 마음속을 밟고 지나가도록
내버려두지 않겠다."
_ 간디

다른 사람에게 에너지를 주는 사람이 있는 반면 다른 사람의 에
너지를 빼앗고 고갈시키는 사람도 있다. 그러므로 주변에 긍정적이
고, 심리적으로 지지해 주는 사람을 두는 것은 매우 중요하다. 그렇
지만 늘 다른 사람의 기분을 상하게 하고 또 힘들게 만드는 사람을
모른 체해서도 안 된다. 오늘은 에너지를 빼앗아가는 에너지 뱀파이
어들을 어떻게 내 편으로 만드는지, 또 에너지 뱀파이어가 옆에 있을
때 느껴지는 부정적 에너지를 어떻게 없애는지에 대해 말하겠다.

1 **에너지 뱀파이어를 보면 가능한 한 빨리 도망쳐라.** 에너지 뱀
   파이어가 찾을 수 없게 만들어라. 그들로부터 10분만 숨어 있
   으면 결국 멀리 사라진다.

2 **직접 대면해서 고쳐주어라.** 첫 단계는 그들 스스로 에너지 뱀
   파이어라고 생각하는지 아닌지를 파악해야 한다. 일반적인 뱀

파이어는 거울을 보아도 자신의 실체를 알지 못한다. 그러나 진정으로 자신의 모습을 보는 법을 가르쳐주면 내면에 도사리고 있는 뱀파이어를 보게 된다. 그들에게 부정적인 사고방식의 소유자라는 것을 깨우쳐주고, 변화할 수 있도록 도와주라.

3 에너지 뱀파이어의 힘을 빼앗아라. 피를 먹는 뱀파이어는 십자가나 마늘로 퇴치할 수 있지만 에너지 뱀파이어는 선행과 따뜻한 마음만이 특효약이다. 에너지 뱀파이어에게서 도망치거나 고쳐주는 것이 불가능할 때가 있다. 이는 분명히 매우 어려운 상황이기도 하지만 중요한 교훈을 배울 수 있는 기회이기도 하다. 부정적인 에너지는 몰아내고 긍정적인 에너지는 더 많이 키워야 한다는 점을 배워라. 즉, 착한 일을 해서 에너지 뱀파이어를 무력화시켜야 한다. 사랑과 연민, 긍정적인 에너지로 그들에게 빛을 발하라. 성격이 부정적인 사람은 괴로운 일을 겪으면서 그렇게 되었다는 것을 이해하고 그들을 위로하라. 그들에게 힘이 되어주어 부정적 힘을 빼앗아라.

하루 10분 '에너지 뱀파이어'를 몰아낼 스케줄을 잡아라 오늘 어느 시간에 에너지 뱀파이어를 무력화시킬 것인지 정하라. 그 시간을 하루 스케줄로 만든 다음 수첩에 적어넣어라.

에너지 습관을 위한 실천

- 자신을 들여다보라. 우리는 주변에서 부정적인 사람을 곧잘 발견하지만

정작 자신의 부정적인 모습은 보지 못하는 경우가 많다. 당신이 바로 에너지 뱀파이어일 수 있다. 그러므로 자주 자신을 돌아보아 다른 사람에게 부정적인 영향을 끼치지는 않는지 살펴라.

● 주변에 어떤 에너지 뱀파이어가 있는지 살펴라.

● 에너지 뱀파이어에게 어떤 전략을 취할 것인지 정하라. 이 과정에서 에너지 뱀파이어를 무력화시킬 수 있는 방법을 활용하라.

● 하루를 마무리할 때 에너지 뱀파이어 전략에 대해 기록하라.

내가 만난 에너지 뱀파이어	무력화 전략	효과
1		
2		
3		

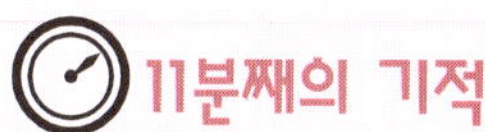

11분째의 기적

제 삶에 있는 모든 부정적인 세력을 극복할 수 있는 힘을 주소서. 저를 통해서 사랑과 동정심을 내보내주십시오. 제가 빛을 발하여 아파하고, 두려워하고, 의심하는 사람들에게 도움이 되도록 해주십시오. 제 존재만으로도 그들이 나을 수 있도록 해주십시오. 제가 가는 곳에는 어디든지 미소와 에너지, 행복이 퍼져나갈 수 있도록 해주십시오. 저는 이 세상에 빛을 발하기 위해 태어났습니다.

나의 에너지 체크리스트 ✔

아침을 먹었다.	☐
몸에 좋은 음식으로 소식했으며 에너지를 북돋는 간식을 먹었다.	☐
물을 충분히 마셨다.	☐
에너지를 회복할 만큼 충분히 쉬었으며 잠을 푹 잤다.	☐
운동을 했다.	☐
에너지를 높여주는 음악을 들었다.	☐
내게 에너지를 주는 사람들과 연락했다.	☐
스트레스를 받을 때, 에너지를 회복시키는 호흡법을 연습했다.	☐

나를 찾아가는 명상에 잠겨라

"애벌레가 나비가 되려면 먼저 고치가 되어야 한다."
_ 익명의 현자

사람들은 '명상'이라는 단어를 들으면 겁부터 내거나 손사래를 친다. 사실 '고요한 에너지'와 '명상'은 같은 말이다. 명상은 에너지를 현재 순간에 집중시키고, 열린 마음과 깨어 있는 의식으로 무엇인가에 집중하게 한다. 한편으로는 부정적인 생각과 마음을 잠재워 긍정적으로 생각하게 한다. 아이러니하게도 '마음을 모으는 명상'에서는 생각으로 마음을 가득 채우는 것이 아니라 '텅 비어 있음'으로 마음을 가득 채운다.

명상을 할 때, 일단 모든 잡념과 생각은 내보내고 마음이 그 상황 자체와 하나가 될 수 있도록 집중하라. 만일 '이번 주말에 무얼 하지?'와 같은 생각이 떠오르거든, 그냥 그 생각이 들어오고 떠내려가도록 내버려두고, 침묵 속으로 다시 돌아오라. 명상은 면역체계를 강화시키고 스트레스를 줄이며, 좌측 전두엽 전부피질(긍정적인 감정을 발생하는 뇌)의 기능을 활성화시킨다. 더불어 명상은 마음과 몸을 작동시키는 가장 강력한 연료다.

어떤 사람은 명상을 동양 종교와 연결시키기도 하지만 명상은 종교와 관계없이 모두가 할 수 있다. 나는 다양한 사람들, 즉 운동선수, 배우, 예술가, 기업가 그리고 평범한 어머니 아버지에 이르기까지 모든 사람들에게 명상을 알려주었고, 그들은 활기를 찾았다. 명상은 모든 집중력과 에너지를 우리가 살고 있는 현재에 집중하도록 이끈다. 따라서 명상은 마음을 단련시키는 가장 좋은 운동이다. 명상은 정신과 감정의 힘을 키워서 더 행복하고 더 긍정적인 삶을 살 수 있도록 도와준다.

명상이 생활의 일상적인 규칙으로 자리 잡도록 하라. 단 10분이면 충분하다. 기억하라, 명상을 많이 하면 할수록 더 자연스럽게 느껴지고, 이를 통해 더 건강해지며 더 긍정적인 삶을 살 수 있다.

하루 10분 '명상' 스케줄을 잡아라 오늘 어느 시간에 명상을 할 것인지 정하라. 그 시간을 하루 스케줄로 만든 다음 수첩에 적어넣어라.

에너지 습관을 위한 실천

- 조용한 장소를 찾아라. 방 안, 공원, 사무실 어느 곳이든지 좋다. 그곳에 편안한 자세로 앉아라.

- 숨 쉬는 데 집중하라. 코로 숨을 들이마시고, 코와 입을 통해서 숨을 내쉬어라. 배를 들어올리는 느낌으로, 또한 가로막과 가슴, 그리고 어깨를 통해서 공기가 통과한다는 느낌으로 공기를 들이마셔라. 숨을 내쉼에 따라 공기가 몸을 빠져나갈 때에도 그 공기의 흐름에 집중하라. 편안히 긴

장을 풀면서 숨이 좀 더 맑아지고 가벼워진다고 생각하라.

● 계속해서 숨 쉬는 데 초점을 맞추어라. 숨을 들이쉴 때 의미 있고 긍정적인 단어를 생각하라. 그 단어의 이미지를 머릿속에 그려라.

● 머릿속에 다른 생각이 들어오면 그 생각을 물리치려고 애쓰지 마라. 그 생각이 머릿속에 흘러 들어와서 흘러 나가도록 내버려두라. 그저 숨 쉬는 것과 단어에만 집중하라. 이 과정을 10분 정도 계속하라.

● 어떤 느낌을 받았는지 기록하라.

 **11분째의 기적**

오늘 명상을 반복했을 때 얻은 혜택을 계속 누릴 수 있도록 제게 인내심을 주소서. 또한 명상을 생활화할 수 있도록 노력하게 해주소서. 제가 저 자신과 좀 더 깊이 교류할 수 있도록 침착한 마음을 허락해 주소서. 또한 명상을 통해서 더 높은 곳에 닿을 수 있도록 허락해 주소서. 제가 침묵하고 있을 때 에너지가 충전되어 모든 것에 동력을 부여할 수 있게 도와주소서. 그 에너지가 다시 충전되어 제 삶이 에너지로 충만하게 도와주소서. 명상을 통해 새로운 것을 창조하고, 모든 이와 기적을 나눌 수 있기를 기원합니다.

나의 에너지 체크리스트 ✔

아침을 먹었다. ☐

몸에 좋은 음식으로 소식했으며 에너지를 북돋는 간식을 먹었다. ☐

물을 충분히 마셨다. ☐

에너지를 회복할 만큼 충분히 쉬었으며 잠을 푹 잤다. ☐

운동을 했다. ☐

에너지를 높여주는 음악을 들었다. ☐

내게 에너지를 주는 사람들과 연락했다. ☐

스트레스를 받을 때, 에너지를 회복시키는 호흡법을 연습했다. ☐

스트레스와 두려움을 버려라

"우리는 두려움의 다른 측면에 자유가 있다는 것을 안다."
_ 마릴린 퍼거슨

스트레스는 생각과 감정이 신체적, 정서적으로 나타난 것이다. 우리 몸은 에너지가 머리끝에서 발끝까지 끊임없이 흐르고 있는 에너지 파이프라인임을 기억하라. 요컨대 문제는 이 에너지를 어떻게 처리할까 하는 것이다. 만일 에너지 기계가 제대로 작동하면 늘 침착하고, 건강하며, 에너지가 충만하고 동시에 평온한 느낌으로 살 수 있다. 그러나 스트레스가 심해서 에너지 기계가 제대로 작동하지 않으면, 찌꺼기가 쌓이고 그 흐름이 막히게 된다. 그렇게 되면 스트레스와 피로가 쌓이고 결국 건강까지 해친다.

몸이 조화롭고 건강한 상태를 유지하기 위해서는 몸속의 세포들끼리 원활하게 의사소통을 해야 한다. 각각의 세포는 서로에게서 분리되지 않도록 다른 세포들의 상태가 어떤지 언제나 알고 있어야 한다. 그러나 불행하게도 스트레스는 이러한 인식 능력과 조화를 깨뜨린다.

에너지 기계를 제대로 작동시키기 위해서는 조화로운 상태를 유지해야 하며 스트레스 상태로부터 벗어나야 한다. 그런데 스트레스를 살펴보면 그 저변에 '두려움'이 깔려 있으며, 이 두려움이 스트레스의 근원이 되는 것이다. 수영장을 청소할 때 물 위에 떠 있는 나뭇잎을 치운 것만으로는 청소했다고 말할 수 없듯이 단순히 스트레스를 없애는 훈련만으로는 스트레스를 완전히 해소했다고 말하기 어렵다. 몸속의 에너지 파이프라인을 완벽하게 깨끗이 청소하기 위해서는 스트레스를 야기하는 두려움을 먼저 없애야 한다.

만일 직장에서 어떤 프로젝트 때문에 스트레스를 받는다면, 이는 분명 시간이 모자라지 않을까 하는 두려움, 더 근원적으로는 실패에 대한 두려움 때문이다. 우리에게는 돈에 대한 스트레스, 직업에 대한 스트레스, 업무에 대한 스트레스, 가정에 대한 스트레스가 있다. 두려움은 신뢰의 반대말이다. 두려움은 건강을 해치고, 적절히 통제하지 못하면 삶의 질을 떨어뜨린다.

두려움을 없애야겠다고 결심했다면, 우선 두려움fear이라는 말이 '진실처럼 보이기는 하지만 거짓된 증거False Evidence Appearing Real'라는 말의 줄임말일 뿐이라는 걸 기억하라. 두려움은 강력하고 무섭게 느껴지지만 두려운 감정 자체는 단순히 환상일 뿐이며, 자아가 만들어낸 생각의 결과다. 두려움은 행복하고 침착하며 번성하는 데 도움이 되지 않는다. 따라서 꿈을 이루고자 한다면 반드시 두려움을 없애라.

하루 10분 '버리기' 스케줄을 잡아라 오늘 어느 시간에 버리기를

할 것인지 정하라. 그 시간을 하루 스케줄로 만든 다음 수첩에 적어
넣어라.

에너지 습관을 위한 실천

- 먼저 현재 느끼는 스트레스가 무엇인지 생각하라. 직업에 관련된 문제
로, 또는 밀려오는 청구서 때문에 스트레스를 받는가? 아니면 오늘 오후
에 약속이 있는데 그때까지 중요한 일을 끝마칠 수 없어 스트레스를 받
는가? 아니면 잘 모르는 사람을 만나야 하는 것에 스트레스를 받는가?
우선, 지금 느끼고 있는 모든 스트레스를 기록하라. 지금 어떤 스트레스
를 받고 있는지 명확하게 밝히는 것 자체가 스트레스에서 벗어나도록 도
와준다.

  나는 ________ 때문에 스트레스를 받고 있다.
  나는 ________ 문제로 골치를 앓고 있다.
  왜냐하면 그 일은 ________하기 때문이다.
  내가 겪는 가장 큰 스트레스는 바로 ________이다.

- 이제 숨을 깊게 몇 번 들이쉬라. 3초 동안 숨을 들이마시고 3초에 걸쳐서
내뱉어라. 자신을 불편하게 하는 스트레스에 대해서 생각하라. 하지만
그것과 힘들게 싸우려고 하지는 마라. 우선, 자신이 그 스트레스에 매달
려 있다는 사실을 받아들여라.

- 머릿속으로 지금 느끼고 있는 스트레스가 무엇인지 이해하라. 스트레스
는 단지 감정일 뿐이며, 이 감정에 굴복할 필요가 없다. 겪고 있는 모든
종류의 스트레스를 분출하라.

- 숨을 깊게 들이마셔라. 양손으로 주먹을 쥐고 그 손안에 모든 종류의 두
려움과 스트레스를 잡아두었다고 생각하라. 손을 펴면서 힘차게 숨을 내

쉬고 팔을 펼쳐라. 어린아이가 "물고기가 이만큼 커요."라고 말하면서 팔을 벌리는 것처럼 팔을 넓게 펼쳐라. 이 숨쉬기를 할 때 모든 스트레스와 두려움, 저항하는 마음을 내버린다고 생각하라.

● 모든 생각과 마음을 내보내기에 집중하면서 이 숨쉬기를 다섯 번 되풀이하라.

● 이제는 스트레스를 하나하나 해소하기 위해서 이 방법을 사용하라. 예를 들어, '프로젝트를 끝내기에 시간이 모자라 스트레스를 받고 있다.'고 썼다면 그 상황을 긍정적으로 바꾸어라. '나는 모든 일을 할 시간이 충분하다.' 또는 '나는 제시간에 모든 일을 끝낼 능력이 있다.'고 생각하라.

자, 이번에는 두려움을 몰아내보자.

● 우선 지금 무엇에 두려움을 느끼는지 명확히 규명하라. 돈이 충분하지 않아서 걱정인가? 실패가 무서운가? 직업을 잃을까 봐 두려운가? 비행기를 타는 것이 무서운가? 나이를 먹는 것이 두려운가?

● 다음 문장을 완성하라.

내가 가장 크게 느끼는 두려움은 _________이다.
나는 _________이(가) 두렵다.
나는 _________이(가) 무섭다.
내 두려움은 _________에 관한 것이다.

● 이제 스트레스를 해결할 때와 마찬가지 방법으로 두려움을 없앤다. 숨을 3초 동안 깊게 들이쉬고 3초 동안 내쉬어라. 자신을 괴롭히고 불편하게 하는 두려움이 무엇인지 생각하라. 그것과 싸우려고 하지 마라. 그 두려

움이 자신을 짓누르고 있다는 것을 받아들여라.

- 머릿속으로 느끼고 있는 두려움을 이해하고 그것들을 버리기로 결심하라. 두려움은 단순한 감정일 뿐이므로, 붙잡고 있을 필요가 없다는 것을 깨달아라.

- 숨을 깊게 들이마시고, 양손으로 주먹을 쥔 다음 내부에 있는 모든 두려움을 손안에 다 잡아둔 것처럼 생각하라. 그리고 손을 펴면서 숨을 힘차게 내쉬어라. 숨을 내쉬는 동안에는 마음속에 있는 모든 두려움과 저항하는 마음도 함께 내보낸다고 상상하라.

- 이 단계를 다섯 번 반복하라.

- 이 과정을 모두 마친 뒤에 숨을 깊게 들이마셔라. 눈을 감고 에너지 파이프라인이 예전보다 훨씬 더 깨끗해졌다고 생각하라. 모든 두려움이 물에 떠내려갔다고 상상하라.

- 무엇을 느꼈는지 기록하라.

 **11분째의 기적**

저는 저의 두려움과 스트레스를 마음에서 추방합니다. 두려운 감정은 물론, 스트레스를 버리려고 할 때 일어나는 거부감까지 버리겠습니다. 제가 자유로워지도록 이 감정들을 모두 밖으로 내보냅니다. 저를 주저하게 만드는 모든 것을 버릴 수 있도록 힘을 주십시오. 제 마음과 몸의 모든 부정적인 에너지를 버릴 수 있도록 도와주소서. 저를 평화와 평안의 도구로 삼아주옵소서. 긍정적 에너지가 흐르는 통로로 삼아주소서. 제가 더 가볍고 더 행복하고 더 자유로울 수 있도록 허락해 주소서.

나의 에너지 체크리스트 ✔

아침을 먹었다. ☐

몸에 좋은 음식으로 소식했으며 에너지를 북돋는 간식을 먹었다. ☐

물을 충분히 마셨다. ☐

에너지를 회복할 만큼 충분히 쉬었으며 잠을 푹 잤다. ☐

운동을 했다. ☐

에너지를 높여주는 음악을 들었다. ☐

내게 에너지를 주는 사람들과 연락했다. ☐

스트레스를 받을 때, 에너지를 회복시키는 호흡법을 연습했다. ☐

자신을 위해
진정으로 용서하라

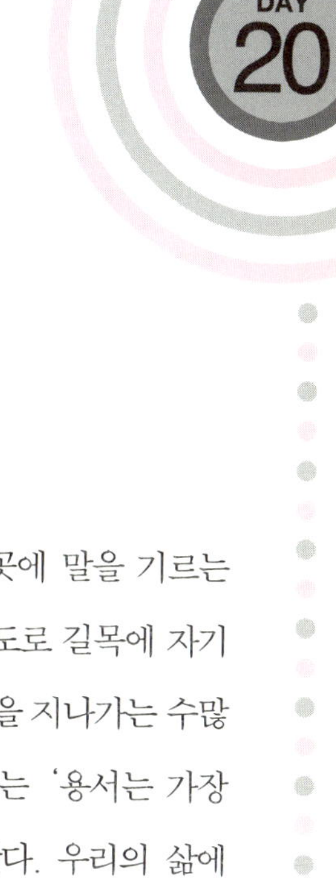

"분노와 화를 붙들고 있는 것은 마치 불에 달궈진 석탄을
손에 쥐고 다른 사람에게 던지려는 것과 같다.
결국 그 석탄불에 데는 것은 다름 아닌 자기 자신이다."
_ 석가

우리 집은 플로리다 북동부에 있는데, 가까운 곳에 말을 기르는 농부가 산다. 그는 자신의 농장으로 들어오는 고속도로 길목에 자기가 좋아하는 문구를 써서 붙여놓는다. 덕분에 그 길을 지나가는 수많은 사람들은 그 멋진 문구를 볼 수 있다. 지난주에는 '용서는 가장 궁극적인 체중 감량이다.'라는 문구를 써 붙여놓았다. 우리의 삶에 나침반과도 같은 말이다.

우리 모두는 에너지가 있으며, 정말 강한 에너지는 마음을 짓누르는 후회, 아픔, 분노를 없앨 때 생겨난다. 그리고 이런 감정을 없애기 위해서는 바로 용서를 해야 한다. 부정적 에너지를 '다이어트'할 때 가장 핵심 요소가 용서다. 용서란 감정에서 불필요한 '지방', 즉 몸과 마음을 짓눌렀던 거대한 부정적 에너지를 버리는 일이다.

무분별했던 과거의 당신을 용서하고, 또 당신을 아프게 했던 사람들을 용서하라. 어린 시절, 가족들이 당신에게 저질렀던 모든 잘못도 용서하라. 늘 실수만 저질렀던 자신도 용서하고, 인생이 기대와 다른 모습으로 흘러가는 것도 용서하고 받아들여라. 스트레스와 두려움보다 더 나쁜 것은 화와 분노다. 용서는 화와 분노를 없애는 가장 효과적인 방법이다. 용서할 때, 당신은 필요없는 것을 없앨 수 있고, 궁극적으로는 부정적인 에너지를 사라지게 한다.

하루 10분 '용서'하는 스케줄을 잡아라 오늘 어느 시간에 누구를 용서하고 어떻게 용서할지 정하라. 그 시간을 하루 스케줄로 만든 다음 수첩에 적어넣어라.

에너지 습관을 위한 실천

- 얼마나 많이 그리고 얼마나 자주 부정적인 생각을 하는가? 또 당신을 다치게 한 사람들에게 분노하고 화를 내며 과거에 파묻힌 상태로 시간을 보내고 있는가? 흘러간 과거를 생각하느라 에너지를 낭비하지 마라. 현재에 더 많은 에너지를 투자하라.

- 무엇 때문에 화와 분노가 당신을 묶어두고 있는지, 리스트를 작성하라.

  ____

  ____

  ____

- 다음 문장을 완성하라.

  나는 ______을(를) ______한 ______을(를) 용서하겠다.

  나는 ______한 나 자신을 용서하겠다.

  나는 ______을(를) 생각할 때 느껴지는 아픔과 분노를 버리겠

다. 그건 이미 다 지나간 일이고, 나는 더 이상 과거의 내가 아니
다. 이미 일어난 일은 인정하되, 나쁜 추억은 잊을 것이다. 지난
일로 생긴 아픔으로부터 나 자신을 자유롭게 하리라.

● 손을 가슴에 얹고 위의 문장을 크게 다섯 번 반복해서 읽어라. 각각의 문
장을 읽을 때 용서하고 있는 그 사람을 떠올려라. 만일 스스로를 용서하
고 있다면 거울을 보라. 용서하는 동안 긍정적인 에너지가 가슴으로 흘
러 들어온다고 상상하라. 그 과정에서 아픔이 치유된다고 상상하라.

● 이제 용서의 편지를 써라. 물론 보낼 필요는 없다. 그 편지는 자신을 위
해서 쓰는 것이다. 편지를 쓰면서 과거를 잊고 마음속의 상처를 잊어라.
더 이상 분노와 화에 집착하지 마라. 우리는 삶을 즐겁게 살 권리가 있다.

● 용서는 쉽지 않다. 어려운 훈련이니 너무 서두르지 마라. 일단 용서해야
한다는 사실을 깨닫는 것이 첫째 단계다.

 **11분째의 기적**

저를 용서하소서. 지난 세월 후회와 분노에 집착하고 있던
저를 용서해 주소서. 이기적이었던 때가 많았던 저를 용서하
소서. 저는 삶과 사랑에 헌신할 것이며, 계속해서 배우고 발
전할 것입니다. 성장의 한 단계로 다른 사람들을 용서하고,
무엇보다 저 자신을 용서하겠습니다. 용서하는 과정에서 저
를 도와주실 것을 기도합니다. 제 안에 있는 아픔과 화를 내
보내도록 힘을 주옵소서. 과거를 치유하고, 현재를 개선시키
며 미래를 위한 소망을 만들어내기를 기도합니다.

나의 에너지 체크리스트 ✔

아침을 먹었다. ☐

몸에 좋은 음식으로 소식했으며 에너지를 북돋는 간식을 먹었다. ☐

물을 충분히 마셨다. ☐

에너지를 회복할 만큼 충분히 쉬었으며 잠을 푹 잤다. ☐

운동을 했다. ☐

에너지를 높여주는 음악을 들었다. ☐

내게 에너지를 주는 사람들과 연락했다. ☐

스트레스를 받을 때, 에너지를 회복시키는 호흡법을 연습했다. ☐

자아에 집착하지 마라

과거의 일 때문에 생기는 스트레스와 두려움을 버리고자 할 때, 또 그 밑바닥에 있는 후회와 분노를 버리고자 할 때, 우리는 모든 고통과 불행, 스트레스, 그리고 인간적 고뇌의 근원에 닿게 된다. 그것은 바로 '자아'다. 자아는 지배력, 권력, 사랑, 다른 사람으로부터 인정받는 삶, 안정적인 삶을 간절히 원한다. 자아는 또한 다른 사람과 분리되어 자신만의 공간을 갖고자 하는 욕구가 매우 강하다.

자아는 기본적으로 '나'와 '남'을 구분하는 대결구도를 만든다. 이로 인해 직장과 결혼생활에서 권력투쟁이 일어나며, 나라 사이에 전쟁이 발생한다. 자아 때문에 다른 사람에게 인정받으려 하고, 완벽주의자가 되고, 배우자에게 사랑을 받고 싶어한다. 또한 자아 때문에 매우 불안하고 초조해진다. 자아 때문에 사랑하는 사람과 멀어지기도 한다.

자아ego는 '신을 쫓아냄Edging God Out'을 의미한다. 자아 때문에 언제나 헛된 시도를 하느라고 바쁘고, 좀 더 숭고한 근원과 연결되지 못한다. 또한 자아 때문에 에너지 파이프라인에 장애가 생긴다. 자연과 삶에서 느끼는 거부감은 대부분 자아가 만들어내는 방해물이다.

자아를 없애면 두려움도 느끼지 않는다. 언제나 평화를 느낄 수 있고 상대를 의심하지도 않는다. 자아를 없앰으로써 풍부하고 긍정적인 에너지를 경험할 수 있다. 그러나 불행히도 우리에게는 자아가 있고, 그 자아는 쉽게 없어지지 않는다. 그러나 더 감사하게도 자아를 없애고 존재의 더 높은 근원과 강력하게 연결될 수 있도록 '자아 찌꺼기 제거' 훈련을 할 수 있다. 이 훈련을 하면 에너지의 흐름을 막는 방해물은 점차로 줄어든다.

하루 10분 '자아'에 대해 생각하는 스케줄을 잡아라 오늘 어느 시간에 자아에 대해 생각하고, 그것을 어떻게 버릴지 정하라. 그 시간을 하루 스케줄로 만든 다음 수첩에 적어넣어라.

에너지 습관을 위한 실천

- 숨을 깊게 들이마셔라. 양손을 주먹 쥐고, 그 손을 편 뒤 팔을 뻗으면서 힘차게 숨을 내쉬어라. 팔은 현재 넓게 벌려져 있을 것이고, 모든 긴장이 풀렸다는 느낌이 들 것이다. 숨을 내쉬는 동안, 몸과 마음속의 모든 스트레스와 두려움, 거부감들이 날아간다고 생각하라.

- 그러고 나서 다음 문장을 큰 소리로 읽어라. 각각의 문장을 읽으면서 숨을 깊게 내쉬고, 에너지의 흐름을 막는 모든 것들을 내보내면서 긍정적 에너지의 흐름을 느낀다고 생각하라.

"나의 자아를 버립니다. 나의 욕구를 버립니다. 나 자신을 버립니다."

(숨을 들이마시고 내쉰다.)

"나는 사랑받기 원하는 자아를 버립니다. 사랑받아야 할 필요도 버립니다. 내 자체가 놀랍도록 큰 사랑의 근원입니다. 나는 거대한 사랑의 표현입니다."

(숨을 들이마시고 내쉰다.)

"나는 인정받기 원하는 자아를 버립니다. 내가 해야 할 일은 사람들에게 빛을 발하고, 내 기쁨과 내 재능, 내 행복을 발산하는 것입니다."

(숨을 들이마시고 내쉰다.)

"나는 다른 사람과 다르고자 하는 내 자아도 버립니다. 나는 다른 사람들과 이 세상에 있는 모든 것과 함께 어울리겠습니다."

(숨을 들이마시고 내쉰다.)

● 10분 동안 반복하라. 편안함을 느낄 때까지 모든 문장을 계속해서 큰 소리로 말하라.

● 이 훈련을 마친 뒤의 느낌을 기록하라.

 ## 11분째의 기적

저는 자아를 버립니다. 저를 통제하는 제 자아를 버립니다. 저는 삶과 자연에 복종하겠습니다. 저를 더 큰 목적을 위해 사용해 주시고, 그 목적을 향해 저를 인도해 주소서. 저는 길을 찾고 가장 고결한 목적을 위해서 헌신하겠습니다. 저 자신을 버리고 다른 사람들을 위해 봉사할 수 있도록 이끌어주소서. 가장 선한 목적에 헌신할 수 있도록 인도해 주소서.

나의 에너지 체크리스트 ✔

아침을 먹었다. ☐

몸에 좋은 음식으로 소식했으며 에너지를 북돋는 간식을 먹었다. ☐

물을 충분히 마셨다. ☐

에너지를 회복할 만큼 충분히 쉬었으며 잠을 푹 잤다. ☐

운동을 했다. ☐

에너지를 높여주는 음악을 들었다. ☐

내게 에너지를 주는 사람들과 연락했다. ☐

스트레스를 받을 때, 에너지를 회복시키는 호흡법을 연습했다. ☐

당신은 지금 어디에 있는가?

이제 에너지 플랜 3주가 끝났다. 어떤 느낌이 드는가? 예전보다 조금 더 활기차고 목적의식이 분명해지고, 더 긍정적인 느낌이 드는가? 다음 평가표에 점수를 매기고 에너지 플랜을 얼마나 잘 따라했는지 스스로를 평가하라.

긍정적 에너지-부정적 에너지 척도

1	2	3	4	5	6	7	8	9	10

부정적   긍정적

슬픔-행복 척도

1	2	3	4	5	6	7	8	9	10

슬픔   행복

스트레스 척도

1	2	3	4	5	6	7	8	9	10

스트레스를 많이 받음　　　　　　　　　　긴장이 풀리고 여유로움

집중도 척도

1	2	3	4	5	6	7	8	9	10

산만　　　　　　　　　　　　　　　　　　집중

두려움–신뢰 척도

1	2	3	4	5	6	7	8	9	10

두려움　　　　　　　　　　　　　　　　　신뢰

전체적인 에너지 척도

1	2	3	4	5	6	7	8	9	10

낮음　　　　　　　　　　　　　　　　　　높음

일상을 영적 에너지로 충만케 하라

─ 1일 10분, 30일 에너지 플랜 4주

인생을 마라톤이라고 하는 사람도 있고 단거리 경주라고 정의하는 사람도 있다. 하지만 나는 인생이란 '권투 경기가 이따금 섞여 있는 단거리 경주'라고 말하고 싶다. 왜냐하면 살면서 달려야 할 뿐만 아니라 종종 날아오는 펀치를 맞아야 할 때도 있기 때문이다. 살다 보면 우리는 수많은 도전과 방해물에 직면한다. 모든 사람은 자신만의 소중한 인생목표를 갖고 있다. 또 마음으로만 볼 수 있는 비전도 있다. 가족, 일에 거는 희망, 성공하고 싶은 야망을 가지고 있다. 그러나 끊임없는 공격과 충격에 당신은 얻어맞고, 중심을 잃고 비틀거린다.

주변 사람들이 쏟아내는 부정적인 말, 직장에 버티고 있는 에너지 뱀파이어들, 요금 청구서, 예상치 못한 거절, 끊임없이 뭔가를 요구하는 고객들, 반항하는 자녀들, 자기 회의감, 삐그덕거리는 인간관계들은 모두 감당하기 힘든 짐이다. 그 모든 것들을 이겨내기 위해서는 정신적이고, 감정적이며, 영적인 힘을 기를 필요가 있다. 권투선수가 시합을 앞두고 몸을 만드는 것과 마찬가지로, 인생이 안겨주는 집중포화를 견디고 이겨낼 수 있는 정신적, 감정적, 영적인 힘을 개발해야 하는 것이다.

그렇다면 역경과 도전 그리고 부정적인 생각들을 이겨낸 뒤에는 무엇을 성취할 수 있을까? 부정적인 에너지가 긍정적인 생각의 흐름으로 바뀌지 않으면 무엇을 얻을 수 있겠는가? 다른 사람은 결코 당신을 바꾸어놓을 수 없다. 당신만이 스스로를 바꿀 수 있다. 그리고 도전이나 어려움 없는 인생은 없다. 할 수 있고 또 해야만 하는 일은, 바로 스스로를 발전시키고 훈련시키는 것뿐이다. 긍정적인 에너지와 비전, 열정과 신뢰가 당신에게 지워진 짐보다 훨씬 더 커지도록 단련해야 한다. 확신하는 마음이 의심하는 마음보다 더 커져야 한다.

그렇다면 어떻게 해야 하는가? 먼저 인생에 영적 에너지를 불어넣어야 한다. 아인슈타인이 말했듯이, 인생의 도전과 역경을 이기기 위해서는 새로운 인식과 관점이 필요하다. 또 그러기 위해서는 이 세상에서 가장 강력한 에너지인 '신뢰와 사랑'으로 인생을 채울 필요가 있다. 신뢰와 사랑은 무한하며 '공짜'이기 때문에 오히려 그 값을 매길 수 없다. 휘발유나 가스는 자동차를 움직이게 할 뿐이지만 영적인 에너지는 이 우주의 모든 것을 움직인다.

스트레스, 두려움, 화와 분노, 의심 그리고 아픔이 많아질수록 삶의 무게는 더 무거워진다. 하지만 고요의 시간을 발견하고, 긍정적인 에너지로 살아갈수록 삶의 무게는 줄어든다. 이것이 바로 명상하거나 즐거운 시간을 보낼 때 그리고 기도할 때 더 편안함을 느끼는 이유다. 또한 누군가를 신뢰하고 사랑할 때 인생의 짐은 사라진다. 신뢰와 사랑을 통해서 우리는 우리의 원천과 하나가 되고, 이 세상의 모든 세력, 모든 에너지 그리고 존재하는 모든 풍요로운 것들과도 하나가 될 수 있다.

여기서 또 하나 중요한 물음은, 그렇다면 어떻게 신뢰와 사랑이 가득 찬 인생을 살 수 있는가 하는 것이다. 그것은 먼저 영적 훈련을 통해서 가능하다. 신뢰와 사랑은 단순히 삼투압현상으로 생겨나는 것이 아니다. 사람에게 주어진 가장 놀라운 선물, 즉 자유의지를 바탕으로 먼저 신뢰하고 사랑하기로 결심해야 한다. 이는 선택의 문제다. 그러므로 신뢰와 사랑을 쌓고 더 발전시키기로 결심하라.

겁이 나거나 스트레스를 많이 받는 상황에 직면할 때, 그 두려움이 생각과 마음을 사로잡도록 내버려두지 마라. 그 대신 영적인 훈련을 통해 사랑이 자리 잡도록 하라. '나는 이 일을 할 수 없어. 희망이 없어. 왜 내게 이런 일이 일어났지? 내일은 또 무슨 나쁜 일이 일어날까?'라는 생각은 이제 그만두고, 이렇게 말하라. "모든 게 다 잘될 거야. 여태껏 그래왔듯이 이번에도 이 일을 해결할 수 있어. 더 위대한 일들이 내게 일어나고 있다는 것을 믿어야 해."

이렇게 영적인 힘을 키워놓으면 직장과 가정에서 더 현명한 결정을 내릴 수 있다. 이는 스트레스를 줄여주어 하루하루를 고군분투하며 사는 게 아니라 자연스럽게 물 흐르듯 살게 해준다. 그리고 무엇보다 이 신뢰와 믿음이 살아가면서 생기는 모든 어려움을 극복하는데 커다란 에너지를 부여해 준다.

두려움을
믿음으로 바꾸어라

"두려움이 찾아와 문을 두드렸다.
신뢰하는 마음이 문을 열어보니 아무도 없었다."
_ 익명의 현자

맹목적인 두려움을 신뢰하는 마음으로 바꾸면 부정적인 에너지를 긍정적인 에너지로 바꾸는 과정이 훨씬 더 빨리 진행된다. 신뢰를 아주 옥탄가가 높은 에너지라고 생각하라. 에너지 파이프라인에 이 순도 높은 에너지가 투하되면 찌꺼기들이 쌓이는 것을 막을 수 있고, 스트레스와 두려움, 부정적인 에너지를 말끔히 청소할 수 있다.

신뢰는 두려움을 해독하는 작용을 하며 자아와 대적하는 역할을 한다. 신뢰가 있는 곳에 두려움은 설 자리가 없다. 자아가 에너지 세계에서 저차원의 진동을 발생시킨다면, 신뢰는 정신과 신체, 감정과 영적 에너지에 더 높은 차원의 진동을 발생시킨다. 나아가 저항하고 거부하는 마음을 수용하는 마음으로 바꾸고, 힘겨운 투쟁을 자연스러운 흐름으로 바꾼다. 두려움이 에너지가 자연스럽게 흐르는 것을 막았다면, 신뢰는 풍부하고 무한한 가능성의 문을 열고, 인생의 더 큰 계획의 창을 연다.

극도의 스트레스를 받으며 매사에 두려움이 많은 사람은 언제나 위기상황에 몰려 있는 것처럼 불안하고, 실제로 그에게는 시시때때로 위기가 찾아온다. 우리는 나쁜 일이 일어나는 것 자체를 막을 수는 없다. 불행과 축복, 행복과 슬픔, 패배와 승리, 사랑과 상실은 인생이라는 드라마에서 빠지지 않는 등장인물이다. 우리는 극복할 수 없는 어려움에 처해 좌절하는 사람들을 종종 본다. 그러나 우리는 용기와 믿음을 바탕으로 두려움을 물리치고 삶의 평화를 누리는 사람들도 만난다. 도전과 역경, 부정적인 일을 헤쳐나가는 삶 속에는 '좋은 일이 일어날 것이다'라는 믿음이 깔려 있다. 그 당시에는 어떤 교훈이나 위대한 일을 기대할 수 없다고 할지라도 믿음을 가지면 모든 어려움을 이길 수 있다.

오늘 직장을 잃었다 해도 내일 꿈꿔왔던 직장을 얻을 수 있다. 또 한 번의 실수가 오히려 성장하고 승진하는 기회가 될 수 있다. 당신을 산산조각 내는 배신을 당하더라도 슬기롭게 대처하면 행복으로 바꾸어놓을 수도 있다. 오늘은 사업에 실패했지만 일년 뒤에는 거부가 될 수도 있다.

믿음이 말처럼 쉽지는 않다. 경제형편이 어렵거나, 직장에서 곤란한 문제에 부딪히거나, 친구 사이에 문제가 생길 때, 또는 극도의 스트레스에 직면할 때 '모든 것이 잘될 거야'라는 믿음을 유지하기란 매우 어렵다. 그래서 10분 훈련이 필요하다.

믿음을 배우기 위해 위기에 처할 때까지 기다릴 필요는 없다. 이제부터 준비할 수 있고, 오늘 믿음의 습관을 들여놓으면 결국 내일의

자산이 된다. 이 훈련의 핵심은 두려움을 믿음으로 바꾸는 것이다.

 오늘 어느 시간에 믿음의 훈련을 할 것인지 정하라. 그 시간을 하루 스케줄로 만든 다음 수첩에 적어넣어라.

에너지 습관을 위한 실천

● 지금 두려워하고 있는 것이 무엇인지 적어라. 어떤 일로 가장 스트레스를 받는가? 날마다 무엇을 걱정하는가? 모든 두려움과 근심, 스트레스를 빠짐없이 기록하라.

나는 _________________이(가) 무섭다.

나는 _________________이(가) 두렵다.

나는 _________________ 때문에 스트레스를 받는다.

나는 _________________을(를) 걱정한다.

● 이제 두려움이 내 인생에 전혀 도움이 되지 않는다는 점을 분명히 인식하라. 자신이 통제할 수 없는 일을 두려워하느라 소중한 에너지를 낭비하는 것은 매우 어리석은 일이다. 게다가 두려움은 긍정적인 에너지가 흘러 들어오는 것을 방해한다.

● 앞에서 작성한 리스트를 생각하면서 다음의 문장을 완성하라.

○ 나는 _______하는 것을 더 이상 걱정하지 않는다. 왜냐하면 어떤 최악의 일이 일어난다 하더라도 그 일이 일어나지 못하게 내가 통제할 수는 없기 때문이다. 대신 내가 어떻게 하면 좋을지 가르침을 구하는 기도를 드린다. 내 인생의 목적을 찾고, 그 인

생의 목적이 나를 찾아올 수 있도록 기도한다.

○ 나는 해결할 시간이 있기 때문에 _______에 대해 걱정하지 않는다. 언제나 시간은 충분하다.

○ 내게 일어나는 모든 일에는 합당한 이유가 있으므로 _______에 화를 내지 않는다. 열심히 일하면 다 잘될 것이라고 믿는다.

○ 나는 매일매일 나에게 위대한 일이 일어난다고 믿는다. _______와(과) 관계된 두려움이 내게 찾아온 것은 내가 _______을(를) 믿어야 한다는 교훈을 주기 위해서다.

● 위의 문장을 세 번 반복해 읽어라. 각 문장마다 어떤 진리를 담고 있다는 것을 깨달아라. 어쩌면 마음 깊은 곳에 있는 '어련하시겠어'와 같은 부정적인 생각이 떠오를지도 모른다. 하지만 그런 생각마저 내버려두라. 그런 생각은 상황을 통제하려는 전투적인 자아를 나타낸다. 자아는 믿음을 원하지 않는다. 하지만 자아가 이기도록 내버려두지 마라. 훨씬 거대한 어떤 힘에 의지하라.

● 이 훈련 뒤에 어떤 느낌이 들었는지 기록하라.

⏱ 11분째의 기적

제대로 되는 일이 없다고 느껴질 때는 믿음을 갖기가 참 힘듭니다. 가끔 제 삶이 통제를 벗어나 멋대로 움직인다고 느낄 때가 있습니다. 그래서 저는 현재의 어려움에서 벗어나 있는 제 모습을 보고 싶습니다. 어려움은 저를 강하게 만든다는 것을 믿을 수 있도록 도와주소서. 어려움을 이길 수 있는 힘을 주소서. 또 모든 것이 잘될 것이라고 믿게 도와주소서. 저는 모든 것이 자연스럽게 해결되리라 믿습니다.

나의 에너지 체크리스트 ✔

아침을 먹었다. ☐

몸에 좋은 음식으로 소식했으며 에너지를 북돋는 간식을 먹었다. ☐

물을 충분히 마셨다. ☐

에너지를 회복할 만큼 충분히 쉬었으며 잠을 푹 잤다. ☐

운동을 했다. ☐

에너지를 높여주는 음악을 들었다. ☐

내게 에너지를 주는 사람들과 연락했다. ☐

스트레스를 받을 때, 에너지를 회복시키는 호흡법을 연습했다. ☐

모든 일에는 이유가 있음을 믿어라

"나는 내 근원이 흔들리고 있는 듯한 느낌을 받을 때 신에게 불평했다.
그런데 내 인생을 흔드는 이가 바로 그 신이라는 것만을 발견했을 뿐이다."
_ 찰스 웨스턴

우리는 순간순간 늘 선택을 해야 하는 상황에 직면한다. 그런데 모든 사안은 근본적으로 신뢰와 두려움 가운데 하나를 선택하는 것이다. 아직 신뢰의 힘을 확신하지 못했다면 인생에 어려운 일이 생겼을 때를 돌아보라. 연인과 아주 안 좋게 헤어졌거나, 결혼생활이 원만하지 못했던 때일 수도 있다. 해고되었거나, 팀에서 쫓겨났을 때였을지도 모른다. 어쩌면 사업상 중요한 거래를 성사시키지 못했거나 심각한 실수를 저질렀을 때인지도 모른다.

이제 스스로에게 물어보라. 과연 그 경험이 자신을 더 강하게 성장시켰는가? 그 일이 일어난 뒤에 더 의지력 있는 사람이 되었는가? 내가 이 질문을 했을 때 90퍼센트 이상의 사람이 "그렇다."라고 대답했다.

리처드 바크Richard Barch는 "모든 문제는 그 안에 선물을 숨겨두고 있다."고 말했다. 역경처럼 보이는 일이 결국에는 우리를 더 착하고 더 강한 사람으로 만든다. 그런 일이 '왜' 일어나는지는 알 수 없지만 한 가지 확실한 것은 지금 겪는 문제가 내일은 나를 더욱 강하게 만들어준다는 사실이다. 갤럽 조사 결과, 사람들에게 일어난 가장 나쁜 일과 가장 좋은 일은 80퍼센트의 상관관계가 있는 것으로 밝혀졌다. 가장 안 좋았던 일이 대부분 가장 좋은 일로 이어졌던 것이다.

우리가 통제할 수 있는 것은, 믿음을 가질 것이냐 두려워할 것이냐 하는 자신의 태도뿐이다. 나는 지금 에너지 코치이자 연구자로서 이 글을 쓰고 있지만 사업에 크게 실패하면서 신뢰의 위력을 뼈저리게 체험한 적이 있다. 또한 가장 나쁜 일과 가장 좋은 일이 어떻게 이어지는가도 알고 있다. 그러므로 실패했다고 좌절해서는 안 되며, 성공했다고 자만해서도 안 된다.

우리는 앞으로도 많은 어려움, 질병, 경제적인 빈곤, 스트레스를 겪을 것이다(이 책은 그런 어려움을 피해가는 방법을 가르쳐주는 게 아니라 극복하는 방법을 알려준다). 이때 가장 중요한 것은 믿음이다. 어려운 상황을 바꾸는 것이 아니라 그 상황에 대처하는 에너지의 성격 자체를 바꾸어라. 신뢰를 가질 때 두려움을 막을 수 있고, 신뢰의 에너지를 통해 우리를 지지하는 사람들, 풍요로운 마음, 돈, 그리고 긍정적 에너지를 얻을 수 있다.

나쁜 일이 생길 때, 왜 그런 일이 일어나는지에 대해서는 알 수 없으나 거기에는 반드시 (우주나 신 또는 다른 절대자의) 더 큰 의도가 있다는 사실을 명심하라. 모든 일에는 이유가 있으며, 언젠가는 밝혀진다. 이유가 밝혀질 때까지 기다리지 말고 긍정적 에너지로 문제에 대처하라. 최선을 다한 다음 결과를 기다려라.

하루 10분 '신뢰'를 쌓는 스케줄을 잡아라 오늘 어느 시간에 신뢰의 훈련을 할 것인지 정하라. 그 시간을 하루 스케줄로 만든 다음 수첩에 적어넣어라.

에너지 습관을 위한 실천

- 지나온 삶에 대해 자서전을 쓴다고 생각하고, 현재 겪고 있는 모든 어려움, 장애물, 도전, 문제들을 다 적어라. 그리고 마치 영화 시나리오를 쓰듯 그 일들을 묘사하라.

- 인생이라는 영화에서 어떤 교훈을 얻을 수 있는지 생각하라. 각각의 문제점과 어려웠던 점들을 돌아보라.

- 이제 5년에서 10년 뒤의 자신을 상상하라. 더 침착하고, 더 행복하며, 더 기쁘고 더 믿을 수 있는 사람으로 변했다고 생각하고 그림을 그려보라. 서로 다른 그림 세 가지를 그려서 상상하라. 그리고 그 세 가지 서로 다른 시나리오가 현재 눈앞에 있는 문제를 순탄히 해결하면 현실화될 것이라고 생각하라.

  내가 꿈꾸는 삶 1

  ____

  내가 꿈꾸는 삶 2

  ____

  내가 꿈꾸는 삶 3

  ____

- 이 훈련을 끝마친 뒤 느낀 점을 기록하라.

11분째의 기적

주변에 있는 모든 기적에 눈뜰 수 있기를 소원합니다. 제 귀를 열어서 모든 대화를 들을 수 있게 해주소서. 신뢰의 범위를 넓혀주셔서 더 큰 계획과 기적을 바라볼 수 있게 해주소서. 저는 믿음의 도약을 할 준비가 되어 있고, 그 도약을 앞당기고 싶습니다. 오늘 제가 가진 두려움을 버리고 신뢰하는 마음을 받아들이겠습니다. 오늘 제 삶의 혼란에서 벗어나 가능성을 바라보고, 곳곳에 있는 희망을 보고 싶습니다. 저는 두려움 없는 삶을 원합니다. 내 사고방식과 철학과 생활방식을 모두 바꾸어 신뢰를 포용할 준비가 되어 있습니다. 신뢰의 힘으로 내 삶에 에너지를 불어넣을 준비가 되었습니다.

나의 에너지 체크리스트 ✔

아침을 먹었다. ☐

몸에 좋은 음식으로 소식했으며 에너지를 북돋는 간식을 먹었다. ☐

물을 충분히 마셨다. ☐

에너지를 회복할 만큼 충분히 쉬었으며 잠을 푹 잤다. ☐

운동을 했다. ☐

에너지를 높여주는 음악을 들었다. ☐

내게 에너지를 주는 사람들과 연락했다. ☐

스트레스를 받을 때, 에너지를 회복시키는 호흡법을 연습했다. ☐

강물처럼 유유히 흘러가라

"신과 함께 결정을 내리는 법을 알게 되면, 모든 결정은
숨 쉬는 것처럼 자연스럽게 느껴진다. 어떤 노력을 할 필요도 없고,
여름에 조용한 길을 따라 걷는 것처럼 편안해진다."
_ 『기적의 과정A Course of Miracles』 중에서

영적 힘을 기르는 방법 중 내가 가장 좋아하는 것은 '신뢰의 산
책'을 하는 것이다. 산책하는 동안 나는 정신적, 감정적, 영적인 신뢰
상태를 계발해서, 내 하루와 삶을 가동시킨다. 머릿속에 '인생의 강'
을 떠오르게 하는 흐르는 강물을 그려보라. 이제 그 강 한가운데에
빙산이 있다고 상상하라. 잘 아는 바와 같이 얼음은 물과 에너지가
낮은 진동의 형태로 반응한 것이다. 얼음은 농축된 고체이고 거의 움
직이지 못하지만, 물은 자유롭게 흐를 수 있다. 이에 비해 증기는 물
원자보다 훨씬 더 높은 진동상태를 보인다.

스트레스와 두려움 속에 살고 있을 때, 그 사람은 물 가운데 있는
빙산과도 같다. 강의 풍부한 물줄기는 그를 향해서, 그리고 그를 둘
러싸고 유유히 흘러간다. 하지만 그가 진동상태가 낮은 얼음으로 있
는 한, 인생이라는 강은 그 사람을 감싸거나 돌아서 지나갈지는 모르
지만 그와 함께 흐르지는 못한다. 이처럼 두려움은 인생의 자연스러

운 흐름을 거부하고 저항하게 만든다. 결국 모든 풍요로움과 자연스러운 흐름을 놓치고 마는 것이다. 그는 왜 이런 일이 자신에게 일어나는지 이해하지 못하고 불평을 늘어놓는다. "왜 온갖 좋은 일은 다른 사람에게만 일어나고 나에게는 생기지 않는 거야?"

신뢰하는 마음을 가질 때 우리는 부정의 얼음을 녹일 수 있다. 강과 분리되지 않고 하나가 되어 함께 흐르는 것이다. 그 강이 가져다주는 모든 기쁨과 행복, 사랑과 풍요로움과 하나가 될 수 있다. 이제 더 큰 원천인 바다로 흘러 들어갈 수 있다. 믿음은 모든 기회와 모든 풍요로움과 연결된다. 즉, 혼자 고립되었고 실패했다고 느끼는 대신에 주변에 있는 긍정적인 에너지의 흐름을 활용할 수 있다.

하루 10분 '믿음의 산책' 스케줄을 잡아라 오늘 어느 시간에 믿음의 산책을 할 것인지 정하라. 그 시간을 하루 스케줄로 만든 다음 수첩에 적어넣어라.

에너지 습관을 위한 실천

● 다음의 문장을 완성하라.

나는 ______할 것이라는 믿음이 있다.
나는 ______을(를) 신뢰한다.
나는 모든 일에는 다 나름의 이유가 있기 때문에 ______이(가)
결국 잘될 것이라고 믿는다.

● 각 문장을 크게 소리 내어 읽어라. 읽을 때는 숨 쉬는 것에 초점을 맞추

고, 신뢰하는 마음으로 두려움을 몰아내라. 숨 쉬는 동안 유유히 흐르는 강과 하나가 되어 있는 자신의 모습을 상상하라.

● 걷는 동안 이 문장을 계속해서 반복하라.

● 이 훈련을 마친 뒤 어떤 느낌이 들었는지 기록하라.

⏱ 11분째의 기적

제 안에 자리 잡고 있는 얼음을 녹일 수 있도록 헌신하는 마음과 힘을 구합니다. 제가 두려움 가운데에서 지내고 있다는 사실을 깨달을 수 있게 해주시고 두려워하는 마음을 신뢰하는 마음으로 바꿀 수 있는 능력을 주십시오. 이제 저는 삶의 흐름을 받아들이길 원합니다. 저를 뒤로 물러나게 만드는 두려움의 힘을 물리쳐주십시오. 저는 믿음을 가지면 두려움이 저를 제어하지 못한다는 것을 깨닫습니다. 믿음이 저를 단련시키고 있다는 것을 압니다. 모든 문제는 저를 더 강하게 할 것이며, 모든 힘든 경험에는 그에 합당한 교훈이 있다는 것을 믿습니다.

나의 에너지 체크리스트 ✓

아침을 먹었다. ☐

몸에 좋은 음식으로 소식했으며 에너지를 북돋는 간식을 먹었다. ☐

물을 충분히 마셨다. ☐

에너지를 회복할 만큼 충분히 쉬었으며 잠을 푹 잤다. ☐

운동을 했다. ☐

에너지를 높여주는 음악을 들었다. ☐

내게 에너지를 주는 사람들과 연락했다. ☐

스트레스를 받을 때, 에너지를 회복시키는 호흡법을 연습했다. ☐

언제나 사랑이 최우선이다

"지속적으로 사랑을 내보내면, 그 에너지는 다시 나에게 되돌아온다.
사랑이 계속 쌓이면 신체의 모든 체계는 균형과 조화를 유지한다."
_ 사라 패디슨

신뢰하는 힘을 기르는 일에 덧붙여 사랑하는 힘, 즉 마음을 길러야 한다. 우리는 마음으로 사랑을 느끼고 표현한다. 그래서 "온 맘으로 사랑해."라고 말하고 "헤어지니 가슴이 찢어질 것 같아."라고 말한다. 그러나 이 책에서는 심장이나 마음이 하트 모양의 상징적 의미만을 갖지는 않는다. 심장연구소의 최신 연구 결과에 따르면, 심장(마음)은 몸에 피를 공급하는 것 이상의 역할을 한다. 심장은 몸 구석구석 모든 세포에게 에너지를 전달하는 것이다.

연구 결과는 사랑과 감사의 감정을 느낄 때 스트레스를 덜 받고 건강이 좋아진다는 사실을 입증한다. 사랑을 하면 심장에 리듬이 생기고, 이 리듬은 몸 전체에 조직화된 전자기장을 만들어낸다. 그리하여 1조 개가 넘는 에너지를 발생시키는 세포들 사이에 의사소통을 원활하게 한다. 그 결과 정신이 더 명료해지고 에너지가 더욱 커지며, 건강이 더 좋아진다. 사랑이라는 영적 에너지가 가득 찬 생활은 삶의 모든 면을 풍요롭게 해준다.

심장은 동력의 근원이 되고, 그곳을 통해 감정적이고 영적인 능력이 시작된다. 사랑의 감정을 개발하면 감정 에너지는 한층 더 강하게 충전된다. 그러므로 신체운동과 더불어 하루에 10분씩 감정 에너지 촉진운동을 하라. 에너지를 10배 이상 증가시킬 수 있다. 하루에 10분 '심장 산책'을 하면, 날마다 닥쳐오는 크고 작은 문제점을 가뿐히 해결하도록 정신적, 영적, 감정적 에너지를 주는 사랑의 힘을 키울 수 있다.

누구라도 사랑의 감정을 개발하면 건강은 더욱 좋아지고, 에너지가 커지고, 능력이 향상되고 인간관계가 좋아진다. 결과적으로 성공을 이루고 삶이 행복해진다.

하루 10분 '심장 산책' 스케줄을 잡아라 오늘 심장 산책할 시간을 정하라. 그 시간을 하루 스케줄로 만든 다음 수첩에 적어넣어라.

에너지 파워를 일깨우는 법은 다음과 같다.

1단계 : 심장에 집중하라. 심장 주변에 모든 신경을 집중시켜라.

2단계 : 심장 호흡을 하라. 심장에 신경을 집중한 상태에서, 그 부분으로 숨이 들어갔다 빠져나오는 것처럼 생각하라. 그럼 마음과 에너지의 흐름은 심장 근처에 집중될 것이며, 동시에 호흡과 심장박동은 보조를 맞추어갈 것이다. 심장을 통해서 천천히 그리고 부드럽게 숨을 들이마셔라(다섯이나 여섯 정도를 세면서 박자를 맞추면 좋다). 천천히 숨을 뱉어라(여섯 정도에 박자를 맞춘다). 호흡이 거칠지 않으며, 부드럽고 균형이 맞는다는 느낌이 들 때까지 이를 반복하라. 스스로에게 자연스러운 느낌이 드는 신체 내부의 리듬을 발견할 때까지 반복하라.

3단계 : 심장을 느껴라. 심장을 통해 숨쉬기를 계속하라. 이 숨쉬기를 하는 동안 긍정적인 느낌을 떠올려라. 즉, 기분 좋았던 시기를 상기하면서 그 경험을 다시 한다고 상상하는 것이다. 긍정적인 감정을 떠올린 뒤에 심장에 계속 집중하고, 심장으로 호흡하고, 심장의 느낌을 발전시키면서 이 과정을 반복하라.

 ## 11분째의 기적

오늘 저는 제 마음의 문을 엽니다. 사랑의 에너지가 저를 통해 발현되도록 해주십시오. 사랑이 언제나 제 속에 내재되어 있다는 것을 잘 알고 있습니다. 그 사랑이 따뜻함을 발현시킨다는 것 또한 알고 있습니다. 다른 사람을 고칠 수 있는 것은 사랑뿐이고, 다른 사람들의 길을 밝게 비추는 것도 사랑뿐입니다. 제가 그 사랑을 많은 사람들에게 나누어주고 저 스스로 사랑을 개발할 수 있는 힘을 주시옵소서. 사랑하는 생각과 행동을 해서 천 배 이상으로 그 사랑을 부풀리게 해주시옵소서.

나의 에너지 체크리스트 ✔

아침을 먹었다. ☐

몸에 좋은 음식으로 소식했으며 에너지를 북돋는 간식을 먹었다. ☐

물을 충분히 마셨다. ☐

에너지를 회복할 만큼 충분히 쉬었으며 잠을 푹 잤다. ☐

운동을 했다. ☐

에너지를 높여주는 음악을 들었다. ☐

내게 에너지를 주는 사람들과 연락했다. ☐

스트레스를 받을 때, 에너지를 회복시키는 호흡법을 연습했다. ☐

사랑을 끌어당기는
자석이 돼라

DAY 26

"사랑은, 사람을 그 자신의 내부와 연결시킬 뿐만 아니라 서로서로를,
그리고 이 우주에 존재하는 모든 것을 연결시킨다."
_ 존 고든

나는 종종 "어떻게 하면 사랑이 가득한 관계를 만들 수 있나요?"
라는 질문을 받는다. 그럴 때마다 내 대답은 한결같다. "사랑을 끌어
당기는 자석이 돼라."

비싼 향수를 뿌린다고 해서, 새 차를 사거나 머리 스타일을 바꾼
다고 해서, 아니면 회사에서 교묘하게 정치적 기술을 발휘한다고 해
서 사람들의 사랑을 받을 수 있는 것은 아니다. 그보다는 자기 스스
로가 먼저 사랑을 뿜어내는 원천이 되어야 사랑의 자석이 될 수 있
다. 다른 사람에게 사랑을 구하거나 받지 말고, 먼저 사랑 그 자체가
되어라. 자기 자신 안에서 사랑을 찾아라.

우리 모두는 사랑받기를 원하고 우리 삶이 사랑으로 가득 차기를
바란다. 하지만 우리 안에서 먼저 사랑을 발견하지 않는 한 어떤 사
람으로부터도 사랑을 받을 수 없다. 세상은 거울과 같아서 다른 사람
에게서 보고자 하는 사랑은 우리 안에 있는 사랑의 반영인 것이다.

사랑이 없는 사람은 언제나 사랑을 찾아 헤매지만 정작 원하는 사랑은 찾지 못한다. 그러나 사랑의 자석이 되면 원하는 사랑 이상을 끌어당길 수 있다. 그 사랑에 힘입어 삶은 바다를 향해 흘러가는 강처럼 유유히 흐른다. 사랑을 끌어당기는 자석이 되려면 먼저 자기 자신이 사랑의 원천이 되어야 한다. 사랑의 원천은 스스로를 사랑하고 다른 사람을 사랑하며 사랑의 감정을 개발하면서 시작된다. 그 방법을 아래에 소개한다.

1 **자기 자신에게 사랑의 말을 하라.** 종종 다른 사람들에게는 친절하지만 자기 자신에게는 지나치게 엄격한 사람이 있다. 스스로를 비하하면서 자신의 가치를 낮추는 것이다. 우리는 스스로를 소중하게 다루는 마음을 지녀야 한다. 교만하지 않되 자기 자신을 사랑할 때, 다른 사람에게 매력을 풍기는 사람이 되며 더 많은 사랑을 받을 수 있다.

2 **스스로를 사랑스럽게 다루어라.** 자기 자신이 얼마나 중요한 사람인지를 깨달아라. 남들에게서 그 말을 애써 들으려고 하지 말고, 남들이 무시한다고 초라하게 느끼지도 마라. 지금부터 스스로를 소중하게 여기는 행동들을 시작하라. 부당하다고 생각하는 말은 받아들이지 마라. 하루에 단 10분이라도 스스로를 위한 시간을 내라. 이 책 전체에 걸쳐 얘기하는 에너지 플랜이 결국 이 얘기다.

3 **사랑의 행동을 시작하라.** 사람들은 늘 사랑을 찾아 다른 사람

들을 쫓아다닌다. 그리고 먼저 사랑받기를 원한다. 하지만 사랑받는 가장 좋은 방법은 사랑을 나누는 것이다. 스스로가 사랑의 원천이 되고 가족, 동료, 친구 그리고 공동체에게 사랑을 나누어줄 때, 이 세상에 있는 모든 사랑과 하나가 될 수 있다. 이때 주의해야 할 점이 있다. 많은 사람들이 사랑을 하면서 조건과 요구를 덧붙인다는 것이다. 즉, 사랑을 준다고 하면서도 언제나 대가를 바라고, 그 에너지가 다시 자기에게 돌아오기를 바란다. 그런 자세로는 사랑의 자석이 되기는커녕 오히려 에너지 뱀파이어가 되고 만다. 다른 사람에게서 사랑을 구걸하는 것은 거부감을 불러일으키고, 삶 속에서 자연스럽게 흐를 수 있는 사랑 에너지의 흐름을 막는다. 따라서 진정한 사랑의 자석이 되려면 대가를 바라지 마라.

자, 그럼 사랑을 나누는 방법을 실행에 옮겨보자.

하루 10분 '사랑'의 스케줄을 잡아라 오늘 어느 시간에 사랑을 실천할 것인지 정하라. 그 시간을 하루 스케줄로 만든 다음 수첩에 적어넣어라.

에너지 습관을 위한 실천

● 거울을 들여다보면서 "너 참 예쁘다." 또는 "당신 참 잘생겼는데."라고 말하라. 그런 다음 "나는 너를 사랑해. 정말 사랑해."라고 말하라. 이를

다섯 번 이상 되풀이하라. 물론 이 말이 우습게 들릴 것이고, 어쩌면 아주 거북스러울 것이다. 하지만 자존감을 갖고 스스로를 높여라. 교만한 마음이 아니라 겸허한 자세로 자신에게 사랑한다고 말하라.

● 두 팔로 당신의 몸을 감싸 안아라. 그리고 다시 말하라. "사랑해."

● 손가락으로 이마에서부터 머리 뒤쪽으로 머리카락을 쓸어 올려라. 그런 뒤에 손을 들어서 목 뒤쪽을 문지른다. 이런 행동은 주목받을 가치가 있다는 것을 스스로에게 상기시킨다. 당신은 사랑과 관심을 받기에 충분히 가치 있는 사람이다.

● 심호흡을 하면서 사랑받았던 때를 떠올리고, 또 진심으로 누군가를 사랑했던 때를 생각하면서 그때로 돌아가라.

● 다른 사람에게 사랑을 나누어주라. 삶에서 만난 여러 사람을 떠올리고 먼저 머릿속에서 그들에게 사랑을 보내라. 어머니와 친구를 생각하면서 말하라. "나의 사랑을 보냅니다."

● 이 훈련이 끝난 뒤 느낌을 기록하라.

 **11분째의 기적**

저 자신이 사랑의 표현이며, 다른 사람에게 사랑을 나눠주기 위해 태어났다는 것을 알고 있습니다. 저는 이기심이나 두려움에서 벗어나 사랑으로 행동하기 원합니다. 제 속이 이미 이 세상의 모든 사랑으로 가득 차 있다는 것을 알고 있습니다. 제 마음을 사랑으로 가득 채울 수 있도록 저를 도와주소서. 저는 세상에 사랑을 전하는 통로가 되기를 바랍니다. 제 삶 속에 사랑이 가득하다는 것을 깨닫게 해주시고, 만나는 모든 이들에게 사랑이 전파되길 원합니다.

나의 에너지 체크리스트 ✔

아침을 먹었다. ☐

몸에 좋은 음식으로 소식했으며 에너지를 북돋는 간식을 먹었다. ☐

물을 충분히 마셨다. ☐

에너지를 회복할 만큼 충분히 쉬었으며 잠을 푹 잤다. ☐

운동을 했다. ☐

에너지를 높여주는 음악을 들었다. ☐

내게 에너지를 주는 사람들과 연락했다. ☐

스트레스를 받을 때, 에너지를 회복시키는 호흡법을 연습했다. ☐

어려운 사람을 돌아보는 동정심을 가져라

"다른 사람이 행복하기를 바란다면, 동정심을 가져라.
스스로 행복해지기를 바란다면, 그때도 동정심을 가져라."
_달라이 라마

대니얼 골먼은 『파괴적 감정』에서 불교 승려 라마 오세르가 명상하는 모습을 이야기한다. 그는 라마 오세르가 명상 중에 동정의 마음에 이르면 전두엽 대뇌피질의 활성화 영역이 왼쪽으로 움직인다는 것을 발견했다. 이 변화는 행복감과 긍정적 감정이 증가한다는 것을 나타낸다. 동정심을 가지고 다른 사람의 안부를 걱정할 때, 자신의 상황도 놀랍게 발전되는 셈이다. 아이러니하게도, 가슴에서 우러나오는 감정에서 진심을 다해 다른 사람을 걱정하면 오히려 자신이 가장 큰 혜택을 받는다.

우리가 사랑과 동정을 나타낼 때 행복은 두 배가 되며 스트레스는 감소되고, 에너지가 다시 충전된다. 동정심을 갖는 것 역시 그리 많은 시간이 걸리지 않는다. 그저 다른 사람의 처지와 자신의 처지를 바꾸어 생각하면 된다. 다른 사람의 마음과 당신의 마음을 연결하는 한편 힘들어하는 사람에게 자신의 감정을 이입하기만 하면 된다. 우리는 모두 동정의 마음을 갖고 태어났다. 다만 그 마음을 발휘하지 않을 뿐이다.

 오늘 어느 시간에 동정심을 마음 깊이 느껴볼지 정하라. 그 시간을 하루 스케줄로 만든 다음 수첩에 적어넣어라.

에너지 습관을 위한 실천

● 눈을 감고 주변에서 괴로워하는 누군가를 떠올려라. 집이 없는 아이 엄마일 수도 있고, 아픈 친척이나 스스로가 불행하다고 생각하는 친구나 직장 동료일 수도 있다. 그다음에는 증오심에 가득 차 있고 이기적이며 질투심이 가득한 자신의 모습을 그려보라. 그런 뒤에 중립적인 관찰자로서 자신의 모습을 또 그려보라. 이 중립적 관찰자를 가운데에 세우고 증오심에 불타는 나를 오른쪽에, 괴로워하는 이웃을 왼쪽에 세운다. 이 상황에서 중립적 관찰자로서 당신은 누구에게 더 끌리는가? 누구를 더 도와주고 싶은가?

괴로워하고 있는 사람을 떠올리면서 그가 고통 없고 행복이 가득한 삶을 살도록 하기 위해 어떻게 도와주어야 할지 생각해 보라. 그런 다음 그에게 정신적, 물질적으로 베푸는 자신을 떠올려라. 그의 아픔을 덜어간다고 상상하라. 당신은 이제 동정하는 마음으로 어려운 이웃을 도와줄 수 있고 고통당하는 사람의 아픔을 덜어줄 수 있다. 이 일을 함으로써 당신은 더 행복해진다.

● 이 훈련을 한 뒤에 어떤 느낌을 받았는지 기록하라.

11분째의 기적

이제 증오심과 분노를 내려놓습니다. 마음을 어둡게 하는 부정적 에너지를 내려놓고, 사랑과 동정의 마음을 느끼지 못하게 하는 감정을 버립니다. 하루를 어떻게 살아야 할지 그 방법을 알려주십시오. 동정심을 연습할 수 있는 힘과 인내심을 주십시오. 다른 사람의 아픔을 인식할 수 있도록 도와주소서. 제 마음을 사랑으로 가득 채워주소서. 제가 이 세상의 모든 사람과 모든 물체와 연관되어 있다는 것을 인식하게 해주소서. 이기심을 극복하고 제 에너지와 동정심 그리고 사랑을 다른 사람과 나눌 수 있기를 기원합니다.

나의 에너지 체크리스트 ✔

아침을 먹었다. ☐

몸에 좋은 음식으로 소식했으며 에너지를 북돋는 간식을 먹었다. ☐

물을 충분히 마셨다. ☐

에너지를 회복할 만큼 충분히 쉬었으며 잠을 푹 잤다. ☐

운동을 했다. ☐

에너지를 높여주는 음악을 들었다. ☐

내게 에너지를 주는 사람들과 연락했다. ☐

스트레스를 받을 때, 에너지를 회복시키는 호흡법을 연습했다. ☐

다른 사람을 위해 진심으로 기도하라

DAY 28

"한 시간 동안 행복하려면 낮잠을 자라. 하루 동안 행복하려면 낚시를 가라.
한 달 동안 행복하려면 결혼을 하라. 일 년 동안 행복하려면
유산을 상속받아라. 일생 동안 행복하기를 원하면 다른 사람을 도와줘라."
_ 중국 속담

자기 자신과 다른 사람에게 에너지를 주는 가장 궁극적인 방법은 바로 도와주는 것이다. 다른 누군가를 도와줄 때, 건강이 좋아지고 행복해질 뿐만 아니라 긍정적인 에너지가 충만해진다. 다른 사람을 위해 봉사하는 것은 세계를 위해 봉사하는 것과 같다.

봉사를 위해 가장 먼저 해야 할 일은 다른 사람을 위한 기도다. 기도의 힘은 매우 놀랍다. 기도는 다른 사람을 위한 가장 좋은 은혜가 된다. 연구자들은 영적인 믿음이 강한 사람이 그렇지 않은 사람에 비해 더 건강하고 행복한 삶을 오랫동안 누린다고 보고한다. 이뿐만 아니라 이들은 역경을 더 잘 극복한다.

그렇다면 지금 무엇을 해야 할까? 먼저 다른 사람을 위해 기도하고, 동정심을 갖고 그를 도와라. 기도 훈련을 통해서, 더 행복하게 오래 살 수 있다.

하루 10분 '기도' 스케줄을 잡아라 오늘 어느 시간에 다른 사람을 위해 기도할 것인지 정하라. 그 시간을 하루 스케줄로 만든 다음 수첩에 적어넣어라.

에너지 습관을 위한 실천

- 편안하고 조용한 장소를 찾아라.

- 누구를 위해서 기도할지 결정하라.

- 편안한 마음으로 몇 분 동안 묵언하면서 몸의 긴장을 풀어라. 자신의 숨소리를 듣고, 심장 박동을 느껴라.

- 도와주고 싶은 사람을 위해서 기도를 시작하라. 아픈 사람이라면 깨끗이 낫게 해달라고 기도하라. 인생의 목표를 이룰 수 있도록 기도해 주고 지금 기울이고 있는 노력이 가장 훌륭한 효과를 거두도록 기도하라. 고통에서 벗어나도록 기도하라. 그들이 행복하고, 건강하고, 성공해서 자신감을 가지도록 기도하라. 어려운 시기를 보내고 있는 모든 사람을 위해서 기도하라.

- 기도를 마친 뒤에 그 느낌을 기록하라.

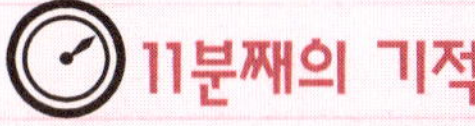 11분째의 기적

믿음을 가지고 세상을 살도록 이끌어주소서. 사랑과 믿음으로 저를 품어주소서. 제가 올바른 방향으로 발걸음을 내디딜 수 있도록 속삭여주소서. 제가 넘어졌을 때 일으켜 세워주소서. 제게 "일어나서 다시 시작하라."고 일깨워주소서. 제 속에 있는 사랑의 근원을 깨우쳐주소서. 저를 통해 사랑을 표현하시길 기원합니다. 제가 더 나은 사람이 될 수 있도록 가르쳐 주시길 기도합니다.

나의 에너지 체크리스트 ✔

아침을 먹었다. ☐

몸에 좋은 음식으로 소식했으며 에너지를 북돋는 간식을 먹었다. ☐

물을 충분히 마셨다. ☐

에너지를 회복할 만큼 충분히 쉬었으며 잠을 푹 잤다. ☐

운동을 했다. ☐

에너지를 높여주는 음악을 들었다. ☐

내게 에너지를 주는 사람들과 연락했다. ☐

스트레스를 받을 때, 에너지를 회복시키는 호흡법을 연습했다. ☐

당신은 지금 어디에 있는가?

이제 에너지 플랜의 4주가 끝났다. 이틀만 더하면 30일 과정이 모두 끝난다. 어떤 느낌이 드는가? 예전보다 더 활기차고 집중이 잘 되고, 긍정적인 느낌이 드는가? 다음의 평가표에 따라 개선 정도를 진단하라.

긍정적 에너지-부정적 에너지 척도

1	2	3	4	5	6	7	8	9	10

부정적   긍정적

슬픔-행복 척도

1	2	3	4	5	6	7	8	9	10

슬픔   행복

스트레스 척도

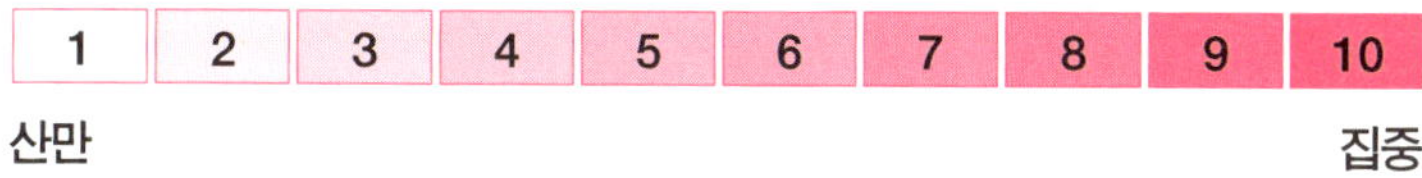

1	2	3	4	5	6	7	8	9	10

스트레스를 많이 받음 　　　　　　　　　　　　긴장이 풀리고 여유로움

집중도 척도

1	2	3	4	5	6	7	8	9	10

산만 　　　　　　　　　　　　　　　　　　　　　집중

두려움–신뢰 척도

1	2	3	4	5	6	7	8	9	10

두려움 　　　　　　　　　　　　　　　　　　　　신뢰

전체적인 에너지 척도

1	2	3	4	5	6	7	8	9	10

낮음 　　　　　　　　　　　　　　　　　　　　　높음

다른 사람들과
에너지를 교감하라

— 1일 10분, 30일 에너지 플랜 : 29일과 30일

행복하고 의미 있게 사는 가장 좋은 방법은, 다른 누군가의 삶에 변화를 일으키는 것이다. 또한 자신의 에너지를 증가시키는 가장 좋은 방법은 다른 사람에게 긍정적인 에너지를 나누어주는 것이다. 에너지는 누군가와 나눈다고 해서 절대로 줄어들지 않는다. 남은 이틀 동안에는 나의 긍정적 에너지를 다른 사람에게 베푸는 방법을 소개한다. 그 과정에서 동정심, 친절함 그리고 감사하는 마음을 갖게 될 것이다.

하워드 커틀러는 『행복의 기술』에서 "정기적으로 봉사활동에 참여하고, 동정심을 갖고 다른 사람과 교류하며 지내는 사람은 그렇지 않은 사람에 비해 평균수명이 눈에 띄게 높았으며, 또한 체력도 훨씬 좋았다."고 밝혔다. 결국 선행을 하면 사회뿐만 아니라 스스로에게도 유익하다.

친절한 마음을 갖고 선행을 베푸는 것은 항우울제와 같은 효력을 발휘한다. 즉, 선행을 베푼 사람은 더 많은 세로토닌을 분비한다. 친절하게 행동하는 사람들 역시 세로토닌을 더 많이 분비하며, 심지어 다른 사람의 친절한 행동을 보기만 해도 에너지가 증가한다.

누군가에게 에너지를 나눠주는 10분 동안 우리는 긍정적 에너지라는 선물을 주기도 하고, 받기도 한다. 긍정적 에너지는 전염성이 강해 누구에게나 쉽게 전파된다. 그러니 이제 나누어서 더 좋은 세상을 만들자.

자신을 위해
좋은 일을 하라

마음이 잘 통하고, 서로를 돕고, 또한 무엇인가를 나누며 지내는 조직은 그렇지 않은 조직보다 훨씬 더 건강하고 목표를 잘 달성한다. 생존과 행복의 핵심 요소는 친절한 마음을 갖고, 친절한 마음을 주고받는 행동과 관계가 있다. 이 단순한 진실은 우리가 혼자 살 수 없다는 것을 의미한다. 어떤 사람도 거대한 바다 한가운데 있는 외딴섬으로 살아갈 수 없다. 사람은 결국 별들을 밝히고, 해를 타오르게 하고, 지구가 돌아가도록 하는 거대한 에너지 집합체의 일부다.

건강을 유지하려면 몸을 구성하는 모든 세포 하나하나가 서로 소통하고 정보와 자원을 나누어야 하듯, 당신이 존재하기 위해서는 이웃과 서로 돕고 의사소통해야 한다. 인간은 태어날 때부터 친절하도록 만들어져 있기 때문에 당신 안에는 친절한 성향이 있다. 친절을 나누면 나눌수록 건강과 행복은 증진된다.

행복의 전략과 기술에 대해 연구하는 캘리포니아대학교 심리학

교수 소냐 류보머스키Sonja Lyubomirsky는, 행복을 증진시키는 가장 좋은 방법은 친절한 행동을 하는 것이라고 강조한다. 즉, 자선단체에 나가 봉사활동을 하고, 어려운 이웃에게 따뜻한 위로의 말을 전하고, 가난한 이웃에게 작은 정성을 베푸는 작은 일들이 행복으로 이끈다. 류보머스키는 실험 대상자들에게 날마다 친절한 행동 다섯 가지를 하라고 주문한 뒤 한 달 뒤에 결과를 측정했다. 사람들은 모두 이전보다 더 행복해졌다고 대답했다. 이렇게 선행의 혜택은 다른 사람이 받기도 하지만 무엇보다 자기 자신이 받는 것이다.

친절한 행동의 가장 좋은 점은 그다지 많은 시간과 노력, 비용이 필요하지 않다는 것이다. 다른 사람에게 감동을 줄 수 있고 의미 있는 이런 행동들은 기껏해야 1, 2분 정도밖에 걸리지 않는다. 물론 노숙자 쉼터에 가서 하루 종일 봉사하는 것도 아주 좋은 일이다. 하지만 시간이 없다고 해서 이 세상에, 그리고 자기 자신에게 변화를 일으킬 수 없다고 생각하지는 마라. 하루에 다섯 가지 정도의 친절한 행동을 실천에 옮기는 데에는 기껏해야 10분쯤밖에 걸리지 않는다. 그리고 그 10분이라는 시간은 당신을 빛내고 사회를 따뜻하게 한다.

하루 10분 '선행'의 스케줄을 잡아라 오늘 언제쯤 선행을 베풀 것인지 정하라. 그 시간을 하루 스케줄로 만든 다음 수첩에 적어넣어라.

에너지 습관을 위한 실천
● 하루의 일과와 삶을 되돌아보고 어떤 종류의 선행을 할 수 있을지 결정

하라. 집 앞 청소하기, 노인에게 길 안내하기 등 머릿속에 떠오르는 어떤 종류의 선행이어도 좋다. 그 선행들을 일기에 기록하라.

- 첫날은 두 가지 선행을 실천하라. 세 가지는 내일을 위해 남겨두어라.

- 셋째 날부터는 다섯 가지의 선행을 실천하라. 시간을 더 늘리고, 혼자 할 수 없는 일이라면 가족과 함께 하거나 동료들과 팀을 만들어 하라.

- 하루에 다섯 가지를 실천할 수 없다면 매주 하루는 봉사활동을 하는 날로 정하라. 봉사의 손길을 기다리는 곳은 많다. 인터넷에서 관련 단체를 찾아 가족, 동료들과 함께 방문하라.

- 하루 일과를 마치면서 오늘의 선행과 그 느낌을 기록하라.

 **11분째의 기적**

오늘 제가 다른 사람을 위해 선행을 베풀 수 있게 해주셔서 감사합니다. 제가 지닌 능력으로 어려운 상황에 처한 사람을 도울 수 있는 데 감사드립니다. 고난에 처하고, 경제적 어려움으로 배울 수 없고 먹을 수 없는 사람들을 제게 보내주셔서 기쁘게 생각합니다. 그들을 위해 저의 에너지를 발산하고 그들이 더 나은 삶을 사는 데 제가 힘이 된 것에 감사드립니다. 저를 봉사의 도구로 써주시고 어려운 이웃을 도울 수 있도록 끊임없이 인도해 주소서.

나의 에너지 체크리스트 ✓

아침을 먹었다. ☐

몸에 좋은 음식으로 소식했으며 에너지를 북돋는 간식을 먹었다. ☐

물을 충분히 마셨다. ☐

에너지를 회복할 만큼 충분히 쉬었으며 잠을 푹 잤다. ☐

운동을 했다. ☐

에너지를 높여주는 음악을 들었다. ☐

내게 에너지를 주는 사람들과 연락했다. ☐

스트레스를 받을 때, 에너지를 회복시키는 호흡법을 연습했다. ☐

감사 방문을 하라

"시들어가는 꽃에 햇빛과 물이 절실히 필요한 것처럼
사람들이 성장하기 위해서는 반드시 긍정적인 에너지가 필요하다."
_ 존 고든

『긍정심리학*Authentic Happiness*』을 쓴 펜실베이니아대학교 심리학과 교수 마틴 셀리그먼Martin Seligman은 행복감을 증진시키는 가장 좋은 방법은 감사의 방문이라고 말한다. 감사의 방문이란, 삶에 변화를 일으킨 사람에게 감사 편지를 쓰고, 직접 찾아가서 그 편지를 읽어주는 것을 말한다.

감사의 방문은 사람들과 직접 소통할 기회를 갖기 때문에 서로의 행복을 증진시켜 주고 감사하는 마음을 갖게 하고 그 마음을 잊지 않게 한다. 또 그 사람과 보낸 지난 날을 되돌아보게 해 아름다운 추억을 나누고, 앞날을 더 긍정적으로 만든다.

인생은 결국 순간순간과 그 순간의 의미가 쌓여서 이루어진 것이다. 어떤 사람과 함께한 아름다운 기억을 떠올릴 때 에너지가 놀랄 만큼 늘어난다. 감사하는 마음을 가질 때에는 후회하는 마음이 생길 수 없다. 에너지를 고갈시키는 생각은 하지 말고 에너지를 주었던 사람에게 감사하는 마음을 가져라.

모든 사람이 감사의 방문을 생활화한다고 생각해 보자. 아마도 우리가 살고 있는 가정과 직장, 도시 그리고 온 나라는 긍정적인 에너지의 빛으로 가득 찰 것이다. 어머니와 딸은 마음이 통해서 하나가 되고, 상사와 부하직원도 한마음이 되며, 학생들은 옛 스승을 방문할 것이다.

그러나 행복감을 주고 긍정적인 에너지를 나누어주는 것은 한 번에 끝날 수 있는 일이 아니다. 감사의 방문이 주는 효과는 몇 달 지나지 않아 사라진다. 그러므로 정기적으로 사람들을 방문하고 감사의 인사를 하라. 감사의 방문으로 자신만 혜택을 받는 것이 아니라 온 세계가 혜택을 받게 된다. 당신이 나누는 이 긍정적 에너지는 주변의 모든 사람에게 영향을 끼친다. 오늘 나누는 사랑은 비록 작을지라도 다른 사람의 영혼과 마음을 어루만질 것이며, 나아가 다가올 세대에까지 영향을 끼치는 아름다운 수확을 얻을 것이다.

하루 10분 '감사의 방문' 스케줄을 잡아라 오늘 언제쯤 누구를 방문해 감사의 마음을 전할 것인지 정하라. 그 시간을 하루 스케줄로 만든 다음 수첩에 적어넣어라.

에너지 습관을 위한 실천

● 감사의 마음을 표현하고 싶은 사람에게 편지를 써라. 그리고 전화를 걸어 만날 시간을 정하라. 그 사람을 방문해서 편지를 읽어주어라. 편지를

읽을 수 없는 상황이라면 직접 손에 쥐여주고 오라.

● 감사의 방문을 하는 것이 불가능하다면, 진정에서 우러나오는 감사의 편지를 써서 부쳐라. 그리고 전화를 걸어 감사하다고 말하라.

● 감사의 방문을 하고 돌아온 뒤 그 느낌을 기록하라.

 ## 11분째의 기적

이제 에너지 플랜을 마무리할 때가 왔습니다. 이 플랜을 지속해서, 제 인생에 변화가 생길 수 있도록 기도합니다. 제가 앞으로도 하루 10분을 투자할 수 있도록 도와주시길 원합니다. 제가 매순간마다 더 많이 발전하고 나아지기를 기도합니다. 어려운 일이 생길 때, 이전처럼 전투적으로 살기보다는 열린 마음으로 자연스럽게 해결해 나가기를 기도합니다. 이 세상을 더 좋은 곳으로 만드는 데 저를 사용해 주소서. 이 세상의 발전을 위해 저를 사용하소서. 저를 인도하여 애초에 원했던 목적을 이루게 해주소서.

나의 에너지 체크리스트 ✓

아침을 먹었다. ☐

몸에 좋은 음식으로 소식했으며 에너지를 북돋는 간식을 먹었다. ☐

물을 충분히 마셨다. ☐

에너지를 회복할 만큼 충분히 쉬었으며 잠을 푹 잤다. ☐

운동을 했다. ☐

에너지를 높여주는 음악을 들었다. ☐

내게 에너지를 주는 사람들과 연락했다. ☐

스트레스를 받을 때, 에너지를 회복시키는 호흡법을 연습했다. ☐

나의 영적인 힘은
얼마나 커졌나

이제 30일 에너지 플랜을 모두 마쳤다. 어떤 느낌이 드는가? 예전보다 활기차고 집중이 더 잘 되고, 긍정적인 느낌이 드는가? 다음의 평가표를 작성하고 스스로 얼마나 변했는지 점검하라.

긍정적 에너지-부정적 에너지 척도

| 1 | 2 | 3 | 4 | 5 | 6 | 7 | 8 | 9 | 10 |

부정적   긍정적

슬픔-행복 척도

| 1 | 2 | 3 | 4 | 5 | 6 | 7 | 8 | 9 | 10 |

슬픔   행복

스트레스 척도

| 1 | 2 | 3 | 4 | 5 | 6 | 7 | 8 | 9 | 10 |

스트레스를 많이 받음   긴장이 풀리고 여유로움

집중도 척도

| 1 | 2 | 3 | 4 | 5 | 6 | 7 | 8 | 9 | 10 |

산만 집중

두려움–신뢰 척도

| 1 | 2 | 3 | 4 | 5 | 6 | 7 | 8 | 9 | 10 |

두려움 신뢰

전체적인 에너지 척도

| 1 | 2 | 3 | 4 | 5 | 6 | 7 | 8 | 9 | 10 |

낮음 높음

자, 이제는 스스로에게 다음 질문을 해보라.

- 어떤 느낌이 드는가?
- 감정을 좀 더 잘 통제하고 있다는 생각이 드는가?
- 침착한 느낌이 드는가?
- 스트레스가 줄어들었는가?
- 예전보다 더 행복한가?
- 긍정적 에너지가 증가되었는가?
- 자신감이 충만한가?
- 스스로가 어떤 생각을 하고 있는지 자각하고 있는가?
- 예전보다 더 강건한가?
- 예전보다 집중이 더 잘되는가?

- 예전보다 더 생산적인가?

- 예전보다 더 감사하는 마음이 생겼는가?

- 두려움이 신뢰의 마음으로 바뀌었는가?

끊임없이
되풀이하라

— 평생 할 수 있는 1일 10분 에너지 플랜

　　30일에 걸친 에너지 플랜을 다 마치고 나면 아마 이런 궁금증이 들 것이다. '이제는 뭘 하지?' 여러 차례 강조한 것처럼 10분 에너지 플랜이 문제를 당장 해결해 주지 않는다. 또 30일 만에 해결해 주지도 않는다. 나의 목표는 지금까지 설명한 에너지 플랜을 지속적으로 되풀이하도록 하는 것이다.

　　그러므로 30일만에 그쳐서는 안 된다. 이는 위대하고 행복한 삶을 위한 첫걸음에 불과하다. 하루 10분씩 꾸준히 실천하라. 이 책을 다 읽었다 해서 스트레스를 안겨주는 복잡한 일이 생기지 않는 것은 아니다. 어쩌면 예전보다 더 많이 생길 수도 있다. 하지만 그때는 지금까지 배운 에너지 플랜을 활용해 스트레스를 다스릴 수 있다. 앞으로 살아가는 동안 하루 10분을 계속 실천함으로써 얼마나 행복해지고 풍요로워지며 많은 에너지를 만들 수 있을지 상상하라.

　　우리는 날마다 조금씩 성장하거나, 아니면 조금씩 죽어가고 있다. 이것이 진화의 일부분이자 인간 존재의 일부분이다. 근육은 사용할수록 점점 커진다. 하지만 가만히 앉아만 있으면 한 달이면 흐물흐물 줄어든다. 정신, 감정, 영성을 이루는 힘도 마찬가지다. 계속 사용해서 튼튼하게 만들지 않으면 정신은 게을러지고 감정에는 기름때가

끼고, 좋지 않은 옛 습관으로 되돌아간다. 정신적, 감정적, 영적 힘은 평생 동안 사용해야 하고, 그래야만 번성할 수 있다.

단어 맞추기 퍼즐 게임이나 학습을 통해서 정신을 예리하게 하듯이, 하루 10분의 에너지 플랜은 신뢰와 행복을 쌓고 긍정적인 에너지를 갖추는 데 도움이 되는 한편, 스트레스를 줄이는 효과가 있다. 이제 지금까지 배운 방법을 이용해 행복하고, 활기차고, 긍정적으로 생활하라.

1 에너지 플랜을 처음부터 다시 실행하라.

이 플랜은 한 번으로 끝나지 않는다. 끊임없이 되풀이해야 스스로를 완벽하게 다스릴 수 있다.

2 하루 10분 훈련을 위한 계획을 세워라.

여기에 나온 에너지 플랜을 하루도 빠짐없이 다 실행할 수는 없다. 이 책에서 소개한 에너지 플랜 중에서 한 가지를 골라서 습관이 될 때까지 날마다 되풀이하라. 그래서 자연스럽게 생활의 일부가 되었다고 판단될 때 새로운 훈련에 돌입하라. 그것이 끝나면 세 번째 훈련을 하라.

원하는 훈련 세 가지를 선택해서 생활 속에 집어넣어라. 순서를 선택한 뒤 일기에 기록하라.

10분 에너지 훈련	동작	시간	요일
10분 긍정 에너지	긍정 에너지 산책	오전 7:30~7:40	월~금
10분 행복	감사 산책	점심시간	월~금
10분 고요 에너지	명상	퇴근 후	월~금

3 자신만의 10분 에너지 플랜을 만들어라.

이 책에서 소개한 에너지 플랜을 훈련한 다음에는 자신만의 에너지 훈련법이 떠오를 것이다. 새롭게 고안한 에너지 훈련법을 시도해 보고 자신에게 잘 맞는지 판단하라. 그것이 좋다고 생각되면 날마다 실천하라.

4 '11분째의 기적'을 잊지 마라.

연습이 끝난 뒤에는 자신만의 '11분째의 기적'을 기록하라. 형식에 구애받지 말고 그날 떠오르는 생각을 써라. 기원, 소망, 기도, 시, 에세이. 노랫말 등 그 어떤 형식이어도 좋다.

자신만의 장점으로 삶을 개척하라

하루 10분 에너지 플랜을 계속 실천하면서 꼭 알아두어야 할 진실이 있다.

에너지 넘치는 인생, 행복하고 의미 있는 인생을 살 수 있는 가장 강력한 방법은 장점을 찾아내 활용하되, 더 위대한 삶을 위해 활용하는 것이다. 아주 단순한 말처럼 들리지만 많은 사람들이 실천에 옮기지 못하고 실패한다.

어느 날 아내가 이대로 계속 살 거라면 이혼하겠다고 말했을 때 나는 충격을 받았다. 그 말을 듣는 순간, 나는 나의 새로운 인생을 위해 묻지 않을 수 없었다. "내가 잘하는 일은 무엇일까? 나의 장점은 무엇일까? 나는 무엇 때문에 이 세상에 태어났을까? 이 세상에서 도대체 무엇을 하고 있는가?" 그리고 나의 장점을 찾아내 내 인생을 위해 쓰기 시작했다. 나는 에너지 코치로 변신한 뒤 수백만 명에게 희망을 주었다. 물론 가장 중요한 것은 나 자신이 변했고 나의 삶이 행복해졌다는 사실이다.

그러므로 우리는 먼저 자신이 처한 상황을 냉철하게 판단하고 장점을 찾아 새로운 인생을 개척하는 데 써야 한다. 그리고 목표를 정해야 한다. 목표를 이루기 위해 노력할 때 기대감을 가지고 새로운 하루를 맞이할 수 있고, 뜨거운 열의를 가지고 살 수 있으며, 계속 살아야 할 의미가 있고, 날마다 생기는 어려움을 극복할 힘이 생겨 삶의 물결을 따라 살 수 있다.

마지막 에너지 플랜을 따라하기 위해서는 자신의 장점을 파악하고 목적을 따라 살 수 있는 방법을 개발해야 한다. 행여 '나는 내 삶의 목적이 뭔지 도대체 모르겠어. 내 장점이 뭔지도 모르겠고.'라는 생각이 든다면 우선 스스로에게 질문을 던져라. '내 삶의 목적은 무엇일까?' '내 장점은 무엇일까?' 억지로 대답을 얻으려고 하지 마라. 결과가 한눈에 보이리라 기대하지 마라. 고요하게 기다리는 순간 답이 눈앞에 나타난다.

자, 이제 마지막 훈련을 통해서 장점을 발견하여 목적대로 살 수 있도록 하라. 하루 10분 에너지 플랜을 훈련하고 장점을 활용하라.

1. 특히 재능을 보이는 일은 무엇인가?

2. 장점이 실제로 효과를 발휘할 수 있는 방법을 파악하라.

3. 장점이 효과를 발휘하지 못하고 있다면, 어떤 일을 하면 그 장

점이 살아날 수 있을지 파악하라.

____

____

____

4. 행동에 옮겨라.

무엇을 위해 살 것인가

모험, 균형 있는 삶(예를 들어 직업과 집안일 사이에서 균형감각을 유지하는 것), 커뮤니케이션, 공동체, 전념해서 일하기, 동정심, 창의성, 고결함, 공감, 에너지, 열정, 윤리, 수월성, 공정함, 믿음, 가족, 용서, 친구, 아량, 조화, 건강, 정직, 유머, 진취적인 자세, 통일성, 기쁨, 지식, 리더십, 학식, 충성심, 의미 있는 변화, 타인, 평화, 긍정적 에너지, 책임감, 성공, 팀워크, 신뢰, 지혜

● 삶의 목적을 발견하기 위해서 위의 목록에서 가장 중요한 의미를 갖는 다섯 가지 가치를 선택하라. 목록에 없는 것을 적어도 좋다.

1. ___________________   2. ___________________

3. ___________________   4. ___________________

5. ___________________

● 만일 오늘 세상을 떠난다고 가정해 보자. 묘비에 어떤 문구가 새겨지기를 바라는가?

____

____

● 당신은 신문기자이고, 자신에 대해 짧은 칭찬 기사 하나를 써야 한다고
  하자. 무엇이라고 쓰겠는가?

____

____

____

● 만일 내일이 생애의 마지막 날이라면, 자식과 손자에게 들려주고 싶은
  교훈은 무엇인가?

  1. ____

  2. ____

  3. ____

  4. ____

● 이제 현실을 점검해 보자. 스스로의 가치대로 살고 있는가? 장점을 생활
  속에서 잘 실현하고 있는가? 자손들에게 이야기해 주고 싶은 인생의 교
  훈대로 살고 있는가? 기자가 칭찬하는 그런 사람인가? 만일 이 질문들
  가운데 '아니요'가 있다면 그 이유를 적고, 그것을 어떻게 실천할 것인지
  적어라.

____

____

● 삶의 목적을 이루는 데 도움이 되는 생활의식을 만들어 적어보라. 그리
  고 그것을 언제 어떻게 실천할지도 함께 적어라.

	생활 의식	실천 방법	시간	요일
1.				

2. _______________________________________

3. _______________________________________

● 삶의 목적을 한 문장으로 구체적으로 나타내라.

예 : <u>내 삶의 목적은 내 아이들을 행복하고 동정심 많고 성공적</u>
<u>인 어른으로 키우는 것이다.</u>

____

____

> ### 에너지가 샘솟는 주문
> 이 말을 날마다 되풀이하라.
> "나는 행복한 삶을 위해서, 의미와 목적으로 가득 찬 하루하루
> 를 살 것이다."

에너지를 공유하라

긍정적인 에너지는 전염성이 있다. 이 책의 목적은 모든 사람이 가정과 직장에서 더 많은 에너지를 찾을 수 있도록 도울 뿐 아니라 긍정적인 에너지를 다른 사람과 공유하게 도와주는 것이기도 하다. 우리가 모두 '긍정적으로 전염성 있게' 산다면, 우리 가족, 우리 공동체, 우리가 사는 세상 그리고 우리 자신을 바꿀 수 있는 에너지 흐름을 창조할 수 있다.

우리가 사는 공동체, 사회, 나라 그리고 나아가 이 지구를 바꾸기 위해서는 먼저 자신이 바뀌어야 한다. 간디가 말한 것처럼 "이 세상에서 우리가 보고 싶어하는 변화"를 만들어야 한다. 나의 변화가 모범이 되어 다른 사람들의 변화를 도울 수 있다. 모범을 보이는 것이야말로 다른 사람을 가르치는 가장 좋은 방법이 아닌가. 성 프란시스코는 "설교와 똑같이 행동하지 않으면 백마디 설교도 아무 소용 없다."고 말했다. 반면 설교대로 행동한다면, 한 번에 한 사람씩 긍정적인 에너지를 공유할 수 있다.

우리가 살고 있는 이 작은 마을, 이 작은 공동체 안에서 이렇게 에너지를 공유하면, 긍정적인 에너지는 바람보다 더 빠르게 퍼져나간다. 긍정적인 에너지를 나눌 것이냐 부정적인 에너지를 나눌 것이냐, 살아 있는 매 순간마다 선택을 해야 한다. 공포를 나눌 수도 있고 믿음을 나눌 수도 있다. 변화란 한 순간, 한 가지 행동, 한 가지 상호작용, 이 모든 한 가지에 달려 있다.

부디 당신이 떼는 작은 발걸음이 이 세상을 행복하게 변화시키는 위대한 발걸음이 되길.